VICTOR AYALA SPOONER

Las Máximas de la Hotelería

Un cuento de negocios de hoteleros, no sólo para
hoteleros…

Prólogo

El servicio de calidad es uno de los grandes desafíos de las empresas en la actualidad, sobretodo en la hotelería y el turismo, donde sus consecuencias pueden alcanzar niveles inimaginables, con el uso de las nuevas tecnologías y páginas web 2.0, donde leemos un sinnúmero de malos comentarios con respecto a los servicios que este tipo de empresas ofrecen, consecuencias que no solo pueden llegar a afectar la reputación de una compañía sino de una región y hasta de un país.

Tan solo si observamos a nuestro alrededor cuando nos sentamos en la mesa de un restaurante de nuestra localidad, o cuando nos hospedamos en un hotel, o cuando llamamos a una empresa para solicitar información, como el trato amable y la importancia de hacer sentir bien a la gente se ha dejado a un lado para ser sustituida por el trato impersonal y poco profesional.

En muy pocos casos he podido observar empresas que den importancia y atención total al trato hacia sus clientes y los sitúen en el lugar donde siempre debieron estar, en el primero, como la razón primordial de la existencia de las compañías. Más bien, la globalización de los servicios que ofrecen las empresas ha traído consigo el pensamiento de que un cliente perdido, será reemplazado por 3 más que están esperando a ser servidos.

La intensión de esta obra es llevar a sus lectores de regreso a la importancia del buen servicio, no sólo hotelero, sino en todos los demás ámbitos del mismo. Aunque el cuento de negocios es basado en una situación que se desarrolla en el escenario de un hotel, puede contribuir enormemente a cualquier organización que se enfrente diariamente con el servicio, las quejas, el liderazgo y la motivación.

Las Máximas de la Hotelería tiene como objetivo entregar a sus lectores una herramienta de consulta, cuya aplicación lo llevará al éxito de su gestión como hotelero, o como ofertante de cualquier servicio turístico o empresarial.

Esta herramienta es presentada a ustedes a través de un cuento, cuyas situaciones usted encontrará familiares, y cuyas soluciones encontrará enormemente útiles en su gestión diaria, sea usted un gerente, un administrador, un director, hasta un botones, un camarero, un mensajero o un recepcionista.

Las Máximas de la Hotelería desea mostrar a aquellos que están inmersos en este maravilloso mundo de los servicios, o que pretendan incursionar en él; todo aquello que no se menciona en la universidad, pero que es de vital importancia para su desarrollo.

Este cuento pretende también convertirse en una herramienta útil para aquellos maestros que enseñan hotelería y turismo en las diferentes universidades de habla hispana, a fin de que, a modo de ilustración, puedan utilizarlo para resaltar a sus alumnos la importancia del uso de métodos eficaces para servir a las personas.

Estamos seguros que el libro será de gran aporte en nuestra búsqueda de la calidad y mejora continua de nuestros servicios, enfocándonos en lo que realmente tiene importancia, tanto del lado del que ofrece el servicio, como del lado del que lo recibe, en la gente.

Introducción

Alberto Ledesma, jefe de recepción de un prestigioso hotel de la ciudad, se encuentra en uno de los típicos dilemas hoteleros, la repentina baja de afluencia de huéspedes y la de un personal desmotivado. Tratando de cambiar la situación y trabajando bajo la presión de sus superiores, tiene un encuentro inesperado con Juan Carlos Bruzzier, consultor de empresas y nieto del gurú de la hotelería Joseph Bruzzier, con quien desarrolla una amistad.

Esta amistad lleva a Alberto al éxito de su carrera, gracias a la aplicación de las *Máximas de la Hotelería* que Juan Carlos comparte con él, máximas que llevaron a su abuelo, Joseph Bruzzier, a convertirse en el personaje que Alberto tanto admiraba.

Capítulo 1

La Premiación

Mientras Alberto Ledesma se acerca al estrado para recibir el premio Joseph Bruzzier, otorgado a la excelencia en el servicio hotelero, es aplaudido por la multitud que presenciaba el evento. Entre los presentes se encontraban miembros de distinguidas organizaciones hoteleras de la ciudad, gerentes de varios hoteles, varios medios de comunicación, compañeros de trabajo, colaboradores, amigos y familiares.

De entre la multitud se acerca Juan Carlos Bruzzier, nieto de Joseph Bruzzier, para entregar el premio a Alberto.

"De todas las personas a las que me gustaría entregar este premio que lleva el nombre de mi abuelo, Alberto se encuentra primero en la lista"

Para Juan Carlos y Alberto, este premio era compartido, pues nunca imaginaron que su encuentro acontecido ya hace un año y medio, los llevaría a este premio tan reconocido.

"Este premio es tan mío como de mis colaboradores, quienes en realidad hicieron posible la hazaña, son ellos en realidad quienes deberían estar acá, así que los invito a pasar conmigo al estrado."

En ese momento empezaron a pasar al estrado una cantidad considerable de personas que en total sumaban 35, entre ellos camareros, botones, recepcionistas, cajeros, telefonistas, agentes de reservaciones, ama de llaves y asistente, y el aplauso de los presentes que bañaban de gloria a estas personas, no se hizo esperar.

Alberto tomó la palabra una vez más y dijo:

"Este éxito es la solución de un gran problema que tuve hace un año y medio", mientras en su mente se remontaba al momento en que todo empezó.

Capítulo 2

El Encuentro

La tarde estaba en su ocaso en lo que había sido un hermoso día de abril, Alberto estaba a punto de terminar su jornada que por cierto había sido muy movida en el hotel donde trabajaba, era el jefe de Recepción de uno de los hoteles más prestigiosos de la ciudad, y había ascendido hacía ya 6 meses a esa posición. Se sentía en la cúspide de su carrera como hotelero, pero las presiones del puesto lo agobiaban. Su equipo estaba conformado por 4 recepcionistas, 4 telefonistas, 4 cajeros, 2 agentes de reservaciones, 8 botones, 1 ama de llaves, 10 camareros y una asistente. Cuando tomó la batuta, la gerencia le pidió como objetivo principal hallar maneras de incentivar a su equipo a hacer las cosas mejor, a obtener resultados, y sobresalir en el servicio de habitaciones; pero al momento Alberto sentía que su equipo no estaba funcionando, se percibía un ambiente de desmotivación en el entorno, y parecía que al terminar las jornadas, la gente solo quería salir corriendo de sus puestos, habiendo hecho lo mínimo en sus horas de trabajo y aportando poco y nada a las metas del departamento.

Alberto había intentado varios medios para que su equipo se sienta a gusto, había organizado reuniones sociales en varios fines de semana, con el fin de conocerlos mejor, se reunía con ellos personalmente para incentivarlos a obtener mejores resultados, en ocasiones se encargaba de hacer él mismo las tareas de recepción, botones, caja, camareros, etc., para asegurarse de que salieran bien, pero todo ello le servía solo para darse cuenta de que no podía estar en todos lados, y que necesitaba que el equipo respondiera por sí solo.

El departamento era constantemente evaluado por los huéspedes, quienes llenaban un formulario con preguntas sobre la calidad de servicio, la aptitud y actitud de los empleados, la limpieza, y sobre otros detalles que asegurasen una estadía perfecta, pero todo apuntaba a que los huéspedes se sentían conformes con todo, pero en realidad no era nada espectacular.

A la mañana siguiente y a primera hora, Alberto tendría una reunión con el Gerente para tratar algunos temas, entre ellos la noticia de que algunos huéspedes frecuentes habían estado hospedándose en hoteles de la competencia en las últimas semanas. Ese tema no le dejaba dormir, al final de cuentas no existían quejas graves, solo las típicas, pero nada de qué alarmarse, así que no entendía por qué razón esos huéspedes habían decidido el cambio, en algunas ocasiones esas personas pagarían mucho más por hospedarse en hoteles de la competencia, y para recibir los mismos servicios.

Mientras conducía de camino a casa, pensaba en los argumentos que presentaría a la Gerencia y de cómo iba a remediarlo. El tráfico estaba a reventar, eso le daba más tiempo para pensar antes de llegar a casa. Las personas aprovechaban el tráfico para cruzar las calles de un lado al otro por entre los carros, los pitos se dejaban escuchar y los había de todas las clases, los chillones, los ruidosos, los chistosos, y los imponentes, pero nada parecía mejorar el tráfico.

Después de una larga espera, al fin se destapó en cuello de botella que se había formado, y las calles empezaron a despejarse, todo el alboroto era por un auto al que se le había ponchado una llanta en media calle, cuando Alberto pasó a lado del carro ponchado, el semáforo se puso en roja, y le dio la oportunidad para observar al desafortunado de cerca, el auto era muy elegante y llamaba la atención de todos, la persona que lo conducía, o más bien lo empujaba, era un señor de buena apariencia y joven, de unos treinta y pico de años, su vestimenta parecía la de un ejecutivo, tal vez vendedor, pero sus mangas estaban remangadas para la ocasión, se encontraba en la tarea de cambiar la llanta de su auto.

Por alguna razón Alberto se sintió identificado con la situación e inesperadamente decidió estacionar su carro a un lado y ofrecer ayuda.

"Hola, veo que está en problemas, ¿puedo ofrecerle mi ayuda?, me llamo Alberto"

"Que amable de su parte, la verdad es que la necesito, olvidé mis herramientas en el auto de mi esposa, y no me esperaba este percance, ¿tiene usted herramientas?"

Intentando congraciarse Alberto contestó:

"Sí claro, con un auto como el suyo yo tampoco llevaría herramientas, pero con uno como el mío, el no tenerlas sería un pecado"

Ambos soltaron una carcajada, mientras Alberto regresaba a su carro para tomar las herramientas.

"Me parece que no es de esta ciudad, lo digo por su acento"

"Sí, estoy acá de visita por negocios, soy Consultor, y asesoro varias empresas que tienen sucursales en esta ciudad, mi nombre es Juan Carlos Bruzzier"

El apellido Bruzzier, le sonó familiar a Alberto. El apellido era parte de la historia hotelera de la región, pertenecía a

Joseph Bruzzier, quien había construido el primer hotel en la ciudad, luego fue Presidente de la Cámara Hotelera de la ciudad, y en la actualidad existía un premio a la excelencia en el servicio que llevaba su nombre"

Antes de que Alberto pudiera preguntar, Juan Carlos lo interrumpió y le dijo: "sí, él era mi abuelo, el hotelero".

"¡Vaya, el nieto de Joseph Bruzzier!, he leído mucho acerca de sus hazañas, yo también soy hotelero, trabajo como jefe de Recepción en un hotel cerca de aquí, pero obviamente no le llego ni a los tobillos, dígame como se siente ser nieto de Joseph Bruzzier", le preguntó Alberto mientras le entregaba sus herramientas.

"Bueno, me imagino que se ha de sentir igual que ser nieto de su abuelo", contestó Juan Carlos con ánimo de no sentirse superior, tomó la gata de la caja de herramientas y la colocó debajo del auto.

"Siento mucho si lo ofendí con mi pregunta, sucede que estoy en la cúspide de mi carrera y al mismo tiempo en el abismo, y muchas veces me he preguntado cómo personas como su abuelo lograron el éxito en sus vidas profesionales"

"Tiene mucha razón, siempre he creído que las personas con éxito, son el resultado del buen consejo de otra que tuvo éxito primero, y la verdad es que mi abuelo ha influido mucho en mi carrera profesional, y aunque no me convertí en hotelero, aplico mucho de las enseñanzas de mi abuelo cuando asesoro a mis clientes."

La mirada de ambos se encontró en el momento que Juan Carlos terminaba de hablar, Alberto le pasó la llave para empezar a sacar los pernos, y el silencio reino por algunos segundos.

"¿Por qué cree usted que se encuentra en un abismo?", preguntó Juan Carlos.

Alberto pensó que nunca le haría esa pregunta, después de todo, la conversación se estaba convirtiendo de a poco en una asesoría, y no quería aprovecharse de la situación.

Por otro lado no podía dejar de pensar en la gran oportunidad que tenía de hablar con un asesor empresarial, y nieto de una leyenda en hotelería.

Sin embargo desistió. "No deseo aburrirlo con mi problema, después de todo, a veces creo que el tiempo lo resolverá todo", dijo Alberto mientras ayudaba a sacar la llanta de repuesto de la parte trasera del auto.

"Bueno en realidad no me aburre, y aunque asesorar es mi trabajo, me gusta más cuando lo hago sin presiones. Conozco algo sobre hotelería, y le voy a contar una experiencia que marcó mucho mi vida profesional, la experiencia tiene que ver con mi abuelo, ¿Desea escucharla?"

"Me encantaría", contestó Alberto, como casi rogándole que continuara.

"Creo que tenía como unos diecisiete años, y mi abuelo me invitó a pasar por su oficina en el hotel, después del colegio. En el momento que llegué, se encontraban reunidas varias personas, muy atentas a lo que mi abuelo les explicaba, cuando entre en el salón, mi reacción fue la de silenciosamente buscar un lugar para acomodarme y no interrumpir"

La llanta estaba cambiada y Juan Carlos se disponía a colocar la otra llanta en la parte trasera del auto, y dijo:

"Y allí lo escuché por primera vez, lo que mi abuelo llamaba las Máximas de la Hotelería"

Al momento un relámpago se dejó escuchar, seguido de una lluvia tempestuosa. Alberto se sintió como en un capítulo de Archivos X, pero también con una sensación de desesperación por saber de qué se trataba todo aquello, como si su vida profesional dependiera de escuchar esa información; y tenía razón.

Se le ocurrió invitarlo a un café en un lugar cerca de allí, hasta que la lluvia pasara un poco.

"Me parece una excelente idea", contestó Juan Carlos, y caminaron hacia una cafetería muy cerca de allí.

Capítulo 3

Primera Máxima

La cafetería estaba repleta y no había lugar donde sentarse, parecía que toda la ciudad había coincidido con la idea de pasar algo de tiempo en esa cafetería hasta que la lluvia se calmara. Alberto sugirió otro lugar, pero Juan Carlos rechazo la idea y le dijo que esta situación era la más propicia para observar e ilustrar la primera máxima.

"Dígame, ¿Cuántas personas tiene a su cargo?"

"En total son 34"

"Y me imagino que su mayor desafío es mantenerlos motivados, ¿verdad?"

"Sí, ¿cómo lo sabe?"

"Es algo que se aprende en mi oficio, y dígame ¿qué lo motivó a usted a adentrarse en esta carrera?", preguntó Juan Carlos mientras observaba a su alrededor como buscando algo.

"Bueno, hay muchas razones, pero creo que la principal fue la oportunidad de servir a las personas, y recibir a cambio un beneficio. Vengo de una familia algo cristiana, donde desde pequeño me enseñaban el valor del servicio, así que siempre me identifique con ello"

"Me parece una buena respuesta; mi abuelo solía decir que la hotelería era la profesión que más se aproximaba a la de Jesús, y nos leía un pasaje donde Jesús mencionaba que en la casa de su Padre…"

Alberto interrumpió y completó el verso, "En la casa de mi Padre muchas moradas hay; voy pues, a preparar lugar para vosotros", con tono de asombro, como de haber descubierto una puerta a algo hasta ahora desconocido; y al ver la cara de sorpresa de Juan Carlos, añadió:

"Le dije que venía de una familia cristiana, pero nunca había pensado en ese verso de esa manera."

"Ya veo, pero considero que sus motivaciones no son suficientes, y creo que eso es lo que su equipo percibe de usted."

"¿Qué quiere decir?", preguntó Alberto algo decepcionado.

"Observe a ese mesero", señaló Juan Carlos.

Cuando Alberto observó, notó a un apuesto mesero que sobresalía de los demás por la manera ágil en que se movía, su vestimenta era impecable, y su cabello cuidadosamente peinado, notó también que había varios comensales esperando que las mesas que él atendía se desocuparan. Tenía una sonrisa fresca, que llamaba la atención, también parecía que todos sus movimientos estaban calculados, y sus ojos parecían como dos canicas en constante movimiento, indagando las necesidades de sus comensales, parecía que incluso trataba de leerles la mente. Era atento en todos sus tratos, y su servicio era de primera.

Cuando el mesero observó que Juan Carlos estaba entre los que estaban esperando un lugar, se acercó y lo saludó por su nombre, le dijo que muy pronto se desocuparía una mesa y que le encantaría servirlo esa noche.

Alberto estaba impresionado.

Al fin pudieron sentarse y el mesero les acomodó a ambos las sillas y preguntó: "Sr. Bruzzier, ¿desea usted que le traiga lo de siempre?"

"Sí, muchas gracias", contestó Juan Carlos, y para mi amigo lo mismo. Disculpa que me tome el atrevimiento de ordenar por ti, pero deseo que pruebes lo que yo considero la especialidad de esta cafetería"

En un tiempo record la orden estaba lista, y servida en la mesa, se trataba de unas deliciosas rosquillas servidas en una canasta cuidadosamente arreglada y con un delicioso aroma, con dos tazas de café capuchinos que a la vista parecían adornar la mesa con su presencia.

"¿Esto es lo que siempre pides?, preguntó Alberto asombrado.

"Espero me disculpes, pero no entiendo cómo es que eres tan bien recibido, con un consumo de esta magnitud, y tampoco entiendo cómo no siendo de esta ciudad, eres cliente frecuente"

"En realidad esta es la cuarta vez que vengo", replicó Juan Carlos en tono desafiante.

"Creo que es hora de enseñarte la primera máxima, y tiene que ver con las motivaciones"

"Ok, creo que estoy listo"

"Las propinas son el resultado de hacer lo que te piden, mas hacer lo que no te piden", mencionó Juan Carlos, en el justo instante en que el mesero nos pasaba unos paños húmedos para que nos limpiemos las manos, y unas toallas pequeñas para que nos sequemos las caras mojadas por la lluvia.

A Alberto le dio la impresión de que este mesero era inigualable.

Cuando volvió en sí, preguntó:

"No logro comprender bien, ¿qué tiene que ver las propinas con la motivación? No todos los clientes dejan propinas, y por lo tanto como puede aquello convertirse en una motivación"

"Esa misma es la respuesta, cuando llegué por primera vez a este lugar, nadie me conocía, no sabían qué clase de cliente era, si de los que se quejaban de todo, o los amigables, o los generosos, sin embargo me atendieron como un cliente generoso, a mi parecer, me atendieron tan bien, que me fue inevitable dejar una buena propina. Fue este mismo mesero, y cuando volví por segunda vez fue aun mejor, se preocupo por saber quién era yo, y de llamarme por mi nombre, de saber mis gustos y preferencias. Así que luego hubo una tercera vez y yo ya me sentía como en casa, como el rey de la casa, tan solo con una mirada el mesero ya estaba en mi mesa, extremadamente atento a mis necesidades, inevitablemente le he tenido que dejar propinas en todas las ocasiones que he visitado este lugar, he pensado en conocer otros, pero no me imagino un mejor servicio que el que ofrece este mesero, así que aquí me tiene otra vez. Pero la pregunta del millón es, ¿era yo un cliente generoso, o me obligaron a serlo?"

"No lo sé, supongo que es usted generoso."

Juan Carlos lanzó una carcajada, y prefirió omitir la respuesta.

"Mi abuelo decía que la hotelería es una de las pocas profesiones, por no decir la única, en que este fenómeno de las propinas se hace presente, por lo tanto era el factor motivante más poderoso que se podría utilizar, que todo giraba alrededor de cómo enseñar a la gente a ganarse una propina honesta, y que todo lo demás llegaría por añadidura, es decir, clientes satisfechos, aumento de clientela, y todo lo demás que sigue, y que nos enseñan en la universidad cuando hay un cliente satisfecho. Y la clave estaba en esta máxima:

Las propinas son el resultado de hacer lo que te piden, mas hacer lo que no te piden"

"Creo que ya lo estoy entendiendo; pero, ¿no es esta una posición materialista de la hotelería?

"Amigo, la hotelería es un negocio, y no debemos apartarnos de este concepto. Permítame terminar el dicho de mi abuelo sobre este tema, él también solía decir que la hotelería es la profesión que más contrasta con la de Jesús, porque se cobra.

Piénselo por un momento, si sus empleados vivieran de acuerdo con la primera máxima, ¿Cuál cree usted que sería el resultado?"

Alberto pensó detenidamente en la respuesta a esa pregunta, y su mente se traslado hacia el hotel, vio a sus colaboradores llenos de energía y optimismo, era como si vieran en cada huésped la oportunidad de sus vidas, sus tratos eran cordiales y sus servicios personalizados, estaban pendientes de todas las necesidades de los huéspedes y de los que no lo eran. Vio a los botones ayudar a los huéspedes a llevar sus maletas a las habitaciones, pero no solo eso, los veía mostrándoles las instalaciones del hotel, las habitaciones, presentándose y poniéndose a disposición, preocupándose por conocerlos mejor a fin de servirlos mejor; vio a los recepcionistas recibiéndolos elegantemente, respondiendo a las preguntas de ellos y caminando la segunda milla en lo que a proveer información se refería, por ejemplo, vio a uno de ellos haciendo él mismo la reservación a un Restaurante de la ciudad y arreglando un taxi para que recoja a una pareja, aun a sabiendas que el Restaurante pertenecía a la competencia, vio a otro recepcionista ofrecerse a hacer el mismo una reservación a una aerolínea, ya que sabía que el huésped saldría tarde de una convención que tenía lugar en el hotel, vio también a los camareros preocuparse más por las necesidades de los Huéspedes, por ejemplo, vio a varios que habían tomado por costumbre, pulir los zapatos de los huéspedes, aparte de hacer la limpieza de sus habitaciones, les arreglaban la ropa, si se daban cuenta de que el huésped estaba separando una traje en especial para ponérselo por la noche, se lo planchaban, y así los sorprendían con detalles de esa naturaleza. Era el hotel ideal, vio a los huéspedes, dejando excelentes comentarios y evaluaciones, y más aun, vio a los colaboradores discutir sobre quién había recibido más propinas al terminar el turno.

Cuando Alberto volvió en sí, Juan Carlos estaba ya pagando la cuenta y con un gesto discreto, metió su mano en uno de los bolsillos frontales del mesero que los había atendido, y dejó en él un reconocimiento por su excelente servicio.

"¡Yo pagaba la cuenta!", mencionó Alberto un poco exaltado.

"No se preocupe, creo que este es el comienzo de una larga amistad, así que ya habrá otras ocasiones para que usted me invite.", contestó Juan Carlos mientras le entregaba una tarjeta de presentación.

Ya para ese instante la lluvia había cesado y ambos intercambiaron una despedida, subieron a sus respectivos vehículos, y mientras se despedían Juan Carlos le grito: "Llámeme cuando haya resuelto como aplicar esta primera máxima en su departamento".

Capítulo 4

La Reunión

De regreso a su casa, Alberto no podía sacar de su mente la experiencia con este personaje, y pensando en ello durmió profundamente.

A la mañana siguiente, se levantó exaltado, con la idea de que no tenía un argumento listo para la reunión que mantendría a primera hora con el Gerente del hotel.

Se vistió lo más rápido y elegante que pudo, después de todo era la primera reunión que mantendría con el Gerente después de su ascenso. De camino al hotel, siguió pensando en algo que decir, pero no se le ocurría nada.

"No estaría en esta situación si hubiese seguido mi camino a casa ayer, para planear un buen argumento", se decía a sí mismo, pero al mismo tiempo pensaba en lo interesante que había sido su conversación con Juan Carlos.

Así que llegó a la oficina, tomó algunos papeles que contenían reportes de ventas, quejas, y varias evaluaciones de los huéspedes, y se dirigió a la oficina del Sr. Betancourt, Gerente General.

El Sr. Betancourt era una de esas personas a las que no puedes engañar, muy tajante y directo con sus empleados con lo que al cumplimiento de metas se refiere, de cabello canoso y mirada profunda, ya sus años hablaban muy bien de su experiencia, por lo que casi siempre sabe qué dirección tomar, deja toda responsabilidad en los jefes departamentales, pero a la hora de pedir cuentas era implacable.

Alberto saluda cordialmente a la secretaria del Sr. Betancourt y le pide que lo anuncie. La secretaria llama por teléfono en modo de altavoz para anunciarlo.

"Dígale que pase, lo estaba esperando", dijo el Sr. Betancourt mientras Alberto tragaba grueso al entrar al pasillo que daba a la sala de reuniones de la Gerencia.

"Buenos días Sr. Betancourt, ¿Cómo está?", saludó Alberto como tratando de desviar su atención de lo que se venía.

"Buenos días Alberto, muy bien, ansioso por saber de su progreso en su puesto, y sobre algunas novedades que tengo pendientes."

Alberto volvió a tragar grueso cuando escuchó el saludo y preludio de la conversación directa que sabía que tendría.

"Alberto estoy muy preocupado por algunos de nuestros clientes, sé por muy buenas fuentes, que han decidido frecuentar hoteles de la competencia, y quisiera analizar con usted las posibles causas, y hallar soluciones para que no suceda lo mismo con otros clientes, y encontrar vías para de alguna manera hacer que regresen"

"Me parece bien Sr. Betancourt", dijo Alberto mientras ambos tomaban asiento.

"No quiero pensar que toda la responsabilidad la tiene su departamento, he pensado en otros factores como precios, infraestructura, servicios adicionales, y he pensado obviamente en ustedes como representantes del servicio y cordialidad que siempre han sido característicos de este hotel; así que mi intención es escuchar las novedades más relevantes de su área en lo que ha servicio se refiere y luego analizaremos los otros factores. Alberto, ¿hay algo que esté pasando en su departamento que yo deba saber y en lo que usted crea que debamos trabajar?"

Alberto, no podía creer que en tan poco tiempo y sin más preámbulos, el Sr. Betancourt hubiera llegado al meollo del asunto, por lo que no le quedó más que ser honesto y unirse a la conversación franca, sincera y directa.

"Sr. Betancourt, ya hace poco más de seis meses que he asumido esta responsabilidad, y creo que he notado algo que pudiese estar influyendo directamente a este resultado."

"Dígamelo Alberto", contestó el Sr. Betancourt mientras inclinaba su espalda hacia él, mostrando un interés total por lo que Alberto tenía que decir.

"He notado que en mi departamento se ha propagado una fiebre de desmotivación y trabajo mediocre, no dejan de cumplir con sus responsabilidades, por esa razón las evaluaciones no reflejan resultados alarmantes, pero tampoco demuestran el nivel máximo que podríamos alcanzar, les falta esmero, optimismo, no sé…

He intentado motivarlos de varias maneras, pero no lo he logrado."

Mientras el Sr. Betancourt ojeaba las evaluaciones de los huéspedes preguntó:

"¿Crees tú que esta sea la razón por lo que nuestros huéspedes se están yendo?, porque si es así, la única salida es empezar a pensar en la posibilidad de cambiar a los empleados en su departamento por otros que sí quieran hacer las cosas bien.

Si me dices que ya has probado varias alternativas para animarlos…"

Alberto quedó paralizado por lo tajante de su propuesta.

"Tal vez si consiguiera una manera de contagiarlos y animarlos de alguna manera…", replicó Alberto tratando de cambiar un poco la visión de su interlocutor.

En aquel momento como inspiración vino a su mente la experiencia que había tenido la noche anterior y animado preguntó:

"Sr. Betancourt, yo sé que usted confía en sus colaboradores, ¿permitiría usted que yo contratara a una persona adicional a nuestro equipo?"

"¿Qué tiene en mente Alberto?"

"Se me ha ocurrido algo que estoy seguro va a contagiar a los demás"

"Alberto, si usted me asegura cambios importantes, yo lo autorizo, pero usted será el único responsable de los resultados. "

Alberto volvió a tragar grueso, pero asintió el comentario de su superior. Sabía que su propio puesto estaba en juego, dependiendo del resultado de su gestión.

Después de analizar otros temas, la reunión se dio por concluida, y con ella compromisos puntuales sobre la mejora del departamento; por su parte la gerencia se comprometió a realizar mejoras importantes en las instalaciones, e implementar otros servicios adicionales.

Alberto salió de la oficina preguntándose a sí mismo qué había hecho, pero a la vez con una certeza en su interior de que todo saldría bien.

Capítulo 5

La Entrevista

La cafetería estaba tan llena como la última vez, pero Alberto astutamente encontró un asiento disponible y pidió el servicio de un mesero en particular.

Cuando éste lo reconoció, lo saludó amablemente y preguntó por el Sr. Bruzzier.

"No vino conmigo esta noche", y antes que Alberto continuara, el mesero contestó:

"No hay problema, me encantaría servirlo esta noche, mi nombre es José, y éste es el menú."

Ya para aquel momento estaba servida una pequeña entrada en la mesa de Alberto, era una canasta de panes calentitos con una mantequilla que emitía señales tentadoras al paladar y olfato de Alberto.

Después de seleccionar algo del menú, Alberto indicó:

"José, la verdad que la razón primordial de venir acá fue la de hablar contigo, soy Alberto Ledesma, jefe departamental de un hotel que queda muy cerca de aquí, he observado tu manera de trabajar y tengo algunos planes que te incluyen, así que he venido a hacerte una proposición.

Sé que ahora no es el momento más prudente para conversar, por lo que quisiera tener la oportunidad de tener una entrevista contigo"

"Dígame usted cuándo y dónde"

"Te espero mañana a primera hora en esta dirección", dijo Alberto mientras le entregaba su tarjeta de presentación.

Esta noticia motivó aún más a José y su servicio fue excelente.

Al despedirse, a Alberto no le quedo otra salida que recompensarlo con una propina, y entonces añadió:

"Esta es una de las razones por la que te necesito en mi equipo."

A la mañana siguiente, Alberto llegó algo temprano a la oficina, y José ya lo estaba esperando. Ambos pasaron y Alberto lo invitó a sentarse; le hizo algunas preguntas para conocerlo mejor, se enteró que José estudiaba hotelería y que estaba ya a punto de graduarse, que era uno de los mejores estudiantes de la carrera, y había realizado prácticas laborales en varios hoteles de la ciudad, que el trabajo en el restaurante era su primer trabajo formal, y lo conservaba para poder costear su universidad y terminarla.

Alberto se quedó impresionado con el potencial de este chico, y luego fue al grano.

"José, la propuesta que te tengo tiene ver mucho con tu potencial, pero a la vez, es un cambio, yo diría radical."

"¿A qué se refiere Sr. Ledesma?"

"Deseo ofrecerte un puesto como botones de este hotel, quiero que aprendas el oficio y luego apliques las mismas técnicas que aplicas en el Restaurante, las propinas serán muy buenas si lo haces con el mismo esmero y optimismo. Pero tu trabajo de fondo será contagiar al resto del equipo a ser como tú.

Quiero que ellos vean lo que es posible obtener si trabajan con eficacia, esmero y si suben el nivel de servicio hasta el nivel que tu posees, quiero que te vean recibiendo propinas de los huéspedes y que de esta manera se contagien.

Para ello deberás aprender el oficio lo más rápido que puedas. ¿Qué me contestas?"

"Aunque no tengo experiencia como botones, siempre he querido trabajar en ese puesto, siento que esta es la oportunidad de mi vida y no voy a rechazarla, además este hotel me ofrecerá mejor estabilidad. Mi respuesta es sí.

¿Cuándo podría empezar?, solo necesito unos días para arreglar las cosas en el Restaurante, conseguirme un reemplazo, y luego estaré listo para usted"

"¿Te parece bien una semana?", preguntó Alberto impresionado con la fuerza de carácter y optimismo que poseía José.

"Me parece muy bien"

Así terminó la entrevista y para cuando salían de la oficina ya varios empleados habían llegado, y al verlos se preguntaban que hacía este muchacho conversando con Alberto.

Se estrecharon las manos y al despedirlo sonó el teléfono de Alberto.

Capítulo 6

La Llamada

"Hola, buenos días"

"Buenos días, ¿es usted Alberto?"

"Sí, ¿con quién tengo el gusto?"

"Alberto, ¡ha pasado tan poco tiempo y ya no se acuerda de mí!, soy Juan Carlos…Bruzzier."

"¡Juan Carlos!, ¡que sorpresa!, claro que no me he olvidado de usted, yo diría que he pensado mucho en nuestra casual conversación"

"Lo llamaba para preguntarle que ha hecho para implementar la primera máxima a su organización"

"Pues no lo va a creer, acabo de contratar a José"

"¿Esta usted hablando de José el mesero del restaurante que visitamos?

"Exactamente, he pensado que tenerlo acá será una excelente manera de contagiar a mi equipo"

"Debo confesar que eso era lo último que esperaba, pero me parece una buenísima idea.

Entonces quisiera que nos encontremos para continuar con la segunda máxima, mi esposa está pasando el fin de semana en nuestro departamento allá, y ha preparado una cena entre amigos para este fin de semana, pero la verdad es que no tenemos tantos amigos en tu ciudad, así que pensé que tú y tu esposa nos podrían acompañar."

"Juan Carlos, esta es una invitación que no puedo rechazar"

"Perfecto, entonces te espero el fin de semana en esta dirección"

Alberto entonces se apresuró a tomar lápiz y papel para anotarla y se despidieron.

Alberto no podía creer que hubiera recibido tal invitación, ni siquiera entendía la razón por la que Juan Carlos estaba tan interesado en ayudarlo, sin embargo estaba emocionado con la idea de tener una conversación más con él.

Capítulo 7

La Velada

Llegando a la dirección indicada, Alberto y su esposa se encontraron con un elegante conjunto de departamentos. Se dirigieron al área de guardianía y preguntaron por el departamento del Sr. Bruzzier. Muy cordialmente los celadores le dieron instrucciones de cómo llegar.

Mientras caminaban, Alberto y su esposa se deleitaron con la elegancia y el acabado de todas las instalaciones. Llegaron al departamento cuya puerta tenía el número 12; ese era el número que habían indicado los celadores. Tocaron el timbre y una hermosa dama les abrió la puerta:

"¿Es usted Alberto?"

"Sí, mucho gusto"

"Y entonces usted debe ser su esposa, pasen los estábamos esperando"

Cuando entraron se encontraron una vez más con la elegancia del interior, una decoración muy acogedora.

"Me llamo María José, soy la esposa de Juan Carlos, los estábamos esperando", dijo mientras con un gesto les invitaba a pasar y a tomar asiento en la sala.

Al momento, de uno de los pasillos salió Juan Carlos, con una amplia sonrisa:

"¡Bienvenidos!, Alberto que gusto volvernos a ver, ya conociste a mi esposa, y esta debe ser la tuya"

"Sí, me llamo Melisa", contestó la esposa de Alberto un tanto sobrecogida.

"Bueno hasta que la cena este lista, mis amigos y yo estamos reunidos en una pequeña sala de billar. Las chicas han contratado unas manicuristas y están en el cuarto contiguo. Amor lleva a Melisa y preséntala con las demás, y tu Albero ven conmigo, nos divertiremos un poco."

"Hemos traído unas manicuristas y unas estilistas que son increíbles…"agregó María José, mientras llevaba a Melisa al cuarto contiguo.

"Alberto, espero que te sientas como en casa", dijo Juan Carlos mientras abría la puerta hacia una sala pequeña con una mesa de billar; en ella dos caballeros más, riéndose y divirtiéndose.

"Les presento a Alberto, el amigo de quien les hablé."

"Mucho gusto", contestaron todos casi al unísono.

"¿Juegas billar?", agregó uno de ellos.

"Sí, de hecho creo que soy muy bueno."

"Perfecto, entonces tú serás mi compañero de juego hoy, estamos jugando un campeonato y ahora lo haremos en parejas, dos contra dos"

Así empezó una divertida tarde entre amigos. Jugaron varias partidas y Alberto ratificó lo que había dicho, él y su compañero ganaron varias de ellas.

Ya pasada la tarde, una de las chicas entró a la sala diciendo:

"¡Estamos listas!"

Entonces todos pasaron al salón donde se encontraban ellas. Estaban preciosas, se habían pintado las uñas, peinado, otras se habían tinturado el cabello, se hicieron limpieza de cutis, etc. Alberto estaba sorprendido de cómo había quedado su esposa.

"¡Están bellísimas!", se decían unos a otros, mientras cada cual tomaba la que le correspondía.

"Ahora estamos listas para cenar", recalcó una de ellas. Entonces pasaron al comedor, donde un delicioso aroma se hacía notar. Todos se sentaron a la mesa y una persona asignada al servicio dispuso los cubiertos para empezar.

La entrada consistía en un pulpo a la parrilla en salsa de aceite de oliva y pimentón español, adornado con albahaca fresca, la sopa una crema parmentier servida con tostones a la páprika, el plato principal era langosta al vermouth servida con papas a la romerini y tagliatele de vegetales, para terminar luego con un exquisito pastel de manzana y canela acompañado de helado de vainilla como postre.

Una cena exquisita, una conversación agradable, y por supuesto un vino añejo, convirtieron a la velada en una inolvidable.

Luego de la cena las chicas sugirieron las barajas para continuar la noche, todos estuvieron de acuerdo y pasaron a la sala de nuevo, dispusieron los sillones y empezaron a jugar.

Alberto se sentía como cuando en tiempos de universidad jugaba barajas con sus compañeros de estudios entre tarea y tarea. Él y su esposa se sintieron realmente como en casa, y aunque todos eran unos totales desconocidos para ellos, les parecía estar compartiendo la noche con viejos amigos, pues el ambiente era muy acogedor.

Varias veces pasaba por la mente de Alberto la verdadera razón de su visita, pero el momento no había llegado y no llegaría hasta casi el final de la velada.

Mientras muy divertidamente se encontraban jugando de repente Juan Carlos se separó del grupo y se dirigió a la cocina para tomar algo, luego salió con dos bebidas en sus manos, se disculpo con todos por un momento y le pidió a Alberto que lo acompañara. Luego lo llevó a su despacho.

"Quiero mostrarte algo", le dijo.

Entonces le mostró varias fotos y reconocimientos de su abuelo, un libro, una foto familiar, y el sillón que según le indicó, pertenecía a su abuelo.

"Sé que eres admirador de mi abuelo, así que pensé que sería interesante mostrarte estas cositas"

"Por supuesto que lo es", añadió Alberto emocionado.

"Espero que la hayas pasado bien con nosotros"

"Juan Carlos, esta ha sido una velada inolvidable"

"Me sorprendió mucho cuando me mencionaste que habías contratado a José, creo que fue un paso muy intrépido, pero estoy de acuerdo contigo, José es un excelente ejemplo de lo que mi abuelo decía, y estoy seguro será un pilar importante de tu éxito"

"Yo creo lo mismo, estoy ansioso de empezar a trabajar con él"

"Alberto, la motivación es un factor importantísimo en casi toda organización"

Cuando Alberto escuchó esto sabía que el momento había llegado, que la conversación había tomado el rumbo que él esperaba.

Entonces Juan Carlos continuó:

"Pero una vez motivados, es decir con un motivo para hacer las cosas bien, hay que enseñarles cómo hacerlas. La presencia de José te ayudará mucho, tal parece que él lo hace de forma natural y no se da cuenta, así que incluso él debe meterse en la cabeza esta lección. La aplicación de ella los convertirá en una fuerte competencia para cualquiera que se les quiera comparar"

"¿Es esta la introducción de la segunda máxima de tu abuelo?", preguntó Alberto algo impaciente.

"Sí Alberto, mi abuelo solía decir a sus empleados que *La atención es un factor diferencial en la hotelería*"

"No entiendo muy bien, ¿me está diciendo que dar atención a los huéspedes me hará diferente?, pero atención puede encontrar un huésped en cualquier hotel"

"No me refiero a dar atención, sino a poner atención"

"No lo logro entender aun, ¿podría ser más explicito?"

"Claro que sí, me refiero a poner atención, las personas que trabajan en servicio necesitan poner atención a las necesidades mínimas de las personas que los rodean y aplicar sus conocimientos en la satisfacción de esas necesidades. Cada persona en su departamento debe tener los ojos bien abiertos para encontrar oportunidades de satisfacer necesidades, aun cuando no se las soliciten directamente. Esta máxima está relacionada con la primera, se refiere a hacer incluso lo que no te piden hacer. Asumo que en su departamento la gente sabe cumplir bien órdenes, por eso aún conservan sus puestos, pero en la hotelería eso no es suficiente, las personas involucradas en esta industria deben ser proactivas para tener éxito"

"Creo que ya lo estoy entendiendo"

"Tan solo se necesita observar bien, le pongo un ejemplo, hace unos meses tuve que visitar una ciudad del sur y me hospedé en un renombrado hotel, cuando me registré en la recepción, la recepcionista me saludó cordialmente, y luego se fijó que en mi cuello colgaba un distintivo con mi nombre y mi ocupación, lo miró discretamente y luego en los tres minutos que le tomó registrarme me llamó por mi nombre al menos cinco veces, el botones estaba parado a mi lado y escuchó mi nombre de la recepcionista, me ayudó con mi equipaje y mientras me mostraba las instalaciones también me llamó por mi nombre, luego en el ascensor recibí una llamada de un colega que me pedía que llame por teléfono en ese momento a un cliente, yo le respondí que tendría que esperar un poco ya que en ese preciso instante no tenía crédito en mi celular, él me dijo: 'hazlo lo más rápido que puedas, es un cliente muy importante'. Cuando cerré la llamada el botones metió la mano en su bolsillo y sacó una tarjeta de recargo de celular y me la entregó diciéndome que hiciera la llamada y después vea como se la pagaba. Yo estaba impresionado. Hice la llamada telefónica y resultó ser un cliente importantísimo, quien estaba a punto de salir de su oficina y estaba esperando mi llamada. Cuando hablé con él, yo aún estaba en el ascensor y me dijo que si me hubiera tardado unos segundos más ya no lo encontraba. Concretamos una cita y cerré un negocio muy importante para la compañía. Todo por un botones que puso atención, ¿se da cuenta?"

"Lo entiendo bien, me imagino que fue inevitable para usted dejarle una jugosa propina"

"Exactamente, ¿se da cuenta como una cosa va relacionada con la otra?, es solo cuestión de observar, y estas oportunidades se hacen presentes en todas las posiciones, conocí a un camarero que trabajó conmigo en el hotel de mi abuelo, era un observador por excelencia, y siempre estaba preparado. Tenía como parte de sus instrumentos de trabajo unos lustra-zapatos y sorprendía a sus huéspedes con los zapatos lustrados a su llegada, también se fijaba si los huéspedes apartaban alguna prenda en especial para la noche, así que cuando entraba en las habitaciones para hacer la limpieza, les planchaba él mismo las camisas, los pantalones o las blusas, y cuando llegaban los huéspedes, inesperadamente encontraban su ropa lista para ponérsela. También ordenaba la ropa cautelosamente, la doblaba y la colocaba en lugares visibles. Sus bolsillos estaban llenos de entradas a cine, eventos de la ciudad, circos, entre otras cosas, así que si los huéspedes le preguntaban por los lugares a visitar en la ciudad, él era una maquina de información, y además les obsequiaba entradas a los eventos, en fin era inevitable restringirse a darle una propina.

Lo mismo puede pasar en cualquier puesto, es solo cuestión de observar cuales son las necesidades más típicas de los huéspedes y estar preparado para satisfacerlas, aun cuando no lo soliciten"

"Ya veo", dijo Alberto pensando detenidamente en lo que había escuchado.

"Hay algo más", interrumpió entonces Juan Carlos.

"De todas las máximas de mi abuelo, hay una que ha impactado mi vida enormemente. Es aplicable en todo ámbito, es un modelo de vida, pero tal parece que en la hotelería toma una importancia aún mayor"

"¿Y de qué se trata?"

"Se trata de la honestidad, déjeme primero decirle lo que mi abuelo decía de la honestidad:

*'La **hotelería** es tan amiga de la **honestidad**, que cuando la honestidad se va, la hotelería se derrumba'"*

"Tiene mucha lógica, y es una manera muy divertida de decirlo", contestó mientras sonreía."

"La honestidad es aquella cualidad del hombre por la que la persona se determina a elegir actuar siempre con base en la verdad y en la auténtica justicia. La honestidad es una condición fundamental para las relaciones humanas y para la hotelería debido a que la tiñe de confianza, sinceridad y apertura. La honestidad está íntimamente relacionada con la humildad, la dignidad, los ideales y la grandeza, y en la hotelería es tan esencial como las mismas camas.

Los hoteles promocionan la honestidad como parte de los valores que lo representan, pero en realidad no pueden asegurarla, ya que la honestidad está relacionada con los individuos y no con la organización directamente, la honestidad de un hotel es la suma de la honestidad de cada uno de sus empleados. Y cuando un empleado no es honesto, entonces toda la organización no lo es tampoco."

"Aquí se aplica muy bien lo de que por uno pagan todos."

"Lamentablemente así es, pero en una escala mucho mayor, he visto muchos hoteles perder valiosos clientes por un solo empleado deshonesto."

"¿Pero cómo evitarlo?"

"La clave esta una vez más en la gente, en los individuos"

"Bueno, en realidad no he tenido este problema hasta ahora."

"Eso es lo que tú crees, pero es el hábito más común de los empleados hoteleros, lo que sucede es que en muchas ocasiones es casi imposible de detectar, pero cuando se lo detecta, es como una cadena, una cosa lleva a la otra. La otra razón es que las deshonestidades pueden ser a veces tan insignificantes que en realidad pasan por desapercibido, y nunca llegan a los oídos de nadie. Pero piensa por un momento que pasaría si los empleados utilizan esas pequeñas deshonestidades en oportunidades para impresionar."

"No lo entiendo bien aún."

"Te pondré un ejemplo, imagina que a un huésped que llegue por primera vez al hotel, al salir se le quede una moneda de 50¢, a cualquiera que se la encuentre, aun cuando sea una persona honesta, le resultará tan insignificante que se la quedará."

"Sí, la verdad que sí"

"Pero ahora piensa en el beneficio que tendría el hotel si, ese empleado encuentra la moneda y sale corriendo a devolverla, hace todo lo posible por buscar al dueño hasta que lo encuentra y se la devuelve, imagina la impresión de ese huésped, seguro que regresará, y se sentirá tan seguro como en su casa la próxima vez que llegue."

"Nunca lo había visto desde ese punto de vista"

"Y por otro lado, si el empleado se la hubiera quedado, no hubiera pasado nada, tal vez el huésped ni siquiera se habría dado cuenta, y ese empleado nunca hubiera pasado por deshonesto por quedarse míseros 50¢."

"Y esto es a lo que te refieres con las pequeñas deshonestidades, ¿verdad?"

"Así es; entonces la clave está en enseñar a tus colaboradores la importancia de la honestidad extrema, incluso de los beneficios que podrían obtener de ella."

"¿Estas tratando de decir lo que yo estoy entendiendo?"

"¡Exactamente eso!, mira, he visto mucha gente recibir propinas, incluso equivalentes al doble o triple de lo que han devuelto cuando son honestos, así que no dudes en hacerles saber que pueden ser beneficiados de la honestidad; pero más allá de aquello, el hotel debe promover la honestidad como norma de comportamiento, solo siendo honesto con los colaboradores, estos sentirán la obligación moral de ser honestos con los huéspedes."

"Juan Carlos, usted ha abierto la ventana a un mundo totalmente desconocido para mí, estoy ansioso de transmitir estos conceptos a los muchachos"

"¡Perfecto!, quisiera saber de su progreso, de ello depende la siguiente máxima..."

Alberto supo en ese momento que tendría que lidiar con la impaciencia por unos días más, pero estaba dispuesto a pagar ese precio y empezaría a trabajar lo más pronto posible con su gente. Sin embargo aún no le quedaba clara la razón por la que Juan Carlos lo estaba ayudando de esa manera tan desinteresada.

"Juan Carlos, ¿puedo hacerle una pregunta?"

"Sí, claro", respondió Juan Carlos mientras salían de su despacho a encontrarse con los demás.

"Quisiera saber por qué me está ayudando así de esta manera"

"Alberto, solo estoy aplicando otras de las lecciones de mi abuelo, esta en cambio, está relacionada con la vida"

"¿Y cuál es esa lección?"

"Devuelve siempre un favor con otro favor más grande"

"Su abuelo debió haber sido un hombre excepcional, debe extrañarlo mucho"

"Sí, él fue como un padre para mí desde que el mío murió cuando yo era muy pequeño", hizo una pausa y luego añadió.

"De esa tragedia, obtuve la gran oportunidad de ser el único de sus nietos criados por él mismo"

Entonces entraron a la sala donde se encontraban el resto de amigos, jugaron por una hora más y luego se despidieron.

Al regresar a casa, Alberto y su esposa no dejaban de comentar lo maravilloso que había sido la velada. Hacía mucho tiempo que no pasaban una tarde tan agradable.

"¿Y cómo los conociste?, preguntaba la esposa de Alberto.

"Ha sido todo una coincidencia con mucha fortuna", contestó Alberto, mientras le contaba cómo había conocido a Juan Carlos Bruzzier.

Capítulo 8

Manos a la Obra

De vuelta al trabajo después de ese estupendo fin de semana, Alberto regresó al trabajo muy temprano en la mañana, estaba lleno de energía, con mil ideas en la cabeza sobre cómo aplicar todo lo que había aprendido. El primer paso era reunir a todo el personal y explicarles las dos máximas, luego establecer políticas y normas relacionadas con la aplicación de ellas, luego verificar el cumplimiento de las normas e incorporar a José como factor motivador.

Así que puso manos a la obra y le pidió a su asistente convocara una reunión con todo el personal para el medio día. También se contactó una vez más con José para asegurarse de que todo andaba bien y que su incorporación al equipo seria un hecho.

Hasta llegar al medio día se puso a trabajar en la manera en que presentaría las máximas a sus colaboradores, sabía que tenía que ser de tal manera que estos salgan motivados a obtener mejores resultados. Luego se pondría a trabajar en la elaboración de normas y políticas que tengan como eje principal estas dos máximas.

El medio día llegó, ya todos estaban listos en la sala de reuniones, durante las últimas semanas las reuniones habían sido más bien sociales, pero ahora era diferente, se percibía un ambiente de impaciencia, todos se preguntaban la razón por la que Alberto los había reunido con tanta urgencia.

Alberto entregó a su asistente un material para que sea proyectado a los presentes mientras el exponía las ideas. Entonces Alberto dio a todos la bienvenida, y dijo mirándoles a los ojos:

"Tengo la certeza de que a partir de hoy nuestro hotel será diferente"

Por la mente de todos se paseaban un sinnúmero de conjeturas al escuchar esto de Alberto, pues todos sabían que hacía apenas unos días había mantenido una reunión con el Gerente; ¿será que harán cambios en la edificación?, se preguntaban algunos, ¿será que habrá cambios en la directiva?, se preguntaban otros, varios habían visto a Alberto conversando con un joven desconocido, otros lo habían escuchado manteniendo conversaciones telefónicas y tenían la sospecha de que algo se traía entre manos. En fin, a todos los embargaba la duda al escucharlo abrir la reunión con esa frase, era como si un gran signo de interrogación volara por el salón sin que nadie pudiera eliminarlo.

Entonces Alberto siguió con su exposición, asegurándose que todos estuvieran con los ojos bien abiertos para en el momento preciso meterles la idea en la cabeza.

Luego de explicarles el antecedente de todo, pidió a su asistente proyectara el material que le había entregado con anterioridad. En la proyección se encontraban escritas con letras grandes y claras las dos máximas:

"Las propinas son el resultado de hacer lo que te piden, mas hacer lo que no te piden"

*"La **atención** es un factor diferencial en la hotelería"*

Igual como sucedió con el mismo Alberto, al leerlas no les quedaba claro su significado, así que Alberto enfocó su exposición en explicar el significado de ellas.

El optimismo de Alberto empezó a contagiar a todos los presentes, y aunque su presentación no era de lo más didáctica, había atraído la atención de todos de manera sorprendente.

Mientras hablaba, por la cabeza de todos pasaban varias ideas acerca de cómo aprovechar varias oportunidades, al hacerlo se dieron cuenta de todo lo que se habían estado perdiendo. En cierto momento Alberto lo percibió, así que, se le ocurrió pedirles que si en ese momento tenían ideas sobre cómo aprovechar oportunidades, las anotaran y las convirtieran en un procedimiento habitual, y como si hubiera sido una orden militar, todos sacaron papel y lápiz y empezaron a escribir sus ideas.

Alberto les pidió que al terminar la reunión le pasaran una copia de todas esas ideas, ya que su intención era convertirlas en procedimientos, y continuó con su exposición.

A medida que pasaban los minutos, el optimismo acrecentaba más y más, no veían la hora de salir y aplicar todo lo que habían escuchado tanto de Alberto como de sus propias ideas.

Al concluir, Alberto había conseguido el propósito de la reunión, pero sabía que debían mantener ese ánimo, así que el segundo paso era la contratación de José, solo observando la aplicación de las máximas y sus resultados naturales, el equipo se terminaría convenciendo de que esa era la manera de hacer las cosas.

Lo siguiente era pedir a su asistente la conversión de las ideas de sus compañeros en normas y procedimientos, los cuales estarían impresos y visibles para todos como recordatorio de lo que debían hacer y cómo deberían hacerlo.

Faltaban dos días para que José se integrara al equipo, y Alberto ya había notado un cambio positivo en sus colaboradores, como si el sentido de observación se hubiera despertado, varios empezaron ya a percibir los frutos de la aplicación de las máximas, pero Alberto sabía que José era el toque final de su plan.

El día llego en que José debía incorporarse al equipo, temprano en la mañana José llegó a la oficina preguntando por Alberto, y éste lo recibió con mucha alegría, mantuvo una última conversación con él antes de que empiece con su trabajo. Le indicó que las cosas estaban marchando como él lo había planeado, pero que su participación era importante para motivar completamente al resto, que debía aprender sus funciones lo más rápido posible, para luego aplicar todos sus trucos para servir a los huéspedes.

"No se preocupe Sr. Ledesma, yo entiendo muy bien por qué estoy aquí, y sé que todo saldrá tal como usted lo ha planeado"

Esta respuesta confirmó a Alberto la certeza de que su decisión de traerlo había sido la mejor.

Entonces lo llevó a los vestidores para que vista el uniforme y para presentarlo con los demás, especialmente con los botones de quienes elegiría a uno para que sea su tutor.

A pesar de que estaban sorprendidos por la nueva adquisición, no le negaron la ayuda y le enseñaron todas las tareas que debían realizar.

Alberto sabía que al menos debía esperar dos meses para que los resultados se empiecen a notar. Mientras tanto semanalmente reunía al departamento para conversar de sus progresos y analizar nuevas oportunidades para servir, también, frecuentemente los escuchaba comentar acerca de las propinas que habían recibido durante sus jornadas, especialmente los camareros, botones y recepcionistas.

Los cajeros, telefonistas y agentes de reservaciones, también habían pensado en maneras de aprovechar oportunidades para servir, y al aplicarlas también se beneficiaron.

De repente el ambiente del hotel empezó a cambiar, el departamento empezó a amar su trabajo y sacarle el mayor provecho a las oportunidades era el objetivo diario.

Al cabo de dos meses José había aprendido sus responsabilidades y muchos lo observaron recibiendo jugosas propinas, y se preguntaban qué hacía para lograrlas, lo averiguaban y lo emulaban.

Para Alberto todo era un sueño hecho realidad, su plan había sido perfecto y solo esperaba el momento de obtener los resultados de las evaluaciones del primer trimestre a partir que el plan se había implementado.

Durante todo ese tiempo Alberto no se había comunicado más con Juan Carlos ni viceversa, para Alberto era importante tener resultados tangibles del progreso de su departamento para poder pasar a la siguiente máxima, tal como lo había mencionado Juan Carlos.

Capítulo 9

Los Resultados

Luego de tres meses Alberto esperaba ansioso los resultados trimestrales de los comentarios de los huéspedes, su asistente debía procesarlos para entregárselos en forma tabulada. En el informe también constaban los comentarios más relevantes y repetitivos de los huéspedes acerca de los empleados y su servicio, sus sugerencias y quejas.

Para sorpresa de Alberto los resultados no fueron los que él esperaba, a partir de que había puesto en marcha su plan, las quejas se habían incrementado, tal parecía los huéspedes empezaron a dejar más comentarios sobre el hotel, y las sugerencias también habían aumentado. Como si de un momento a otro los huéspedes se interesaban más por el hotel y lo escribían en sus comentarios.

Para Alberto todo eso era muy raro, él mismo había sido testigo del cambio de actitud de sus colaboradores, y de lo bien que les estaba yendo, y no entendía que estaba pasando. Entonces decidió acudir de nuevo a la fuente, tomó su teléfono y marcó un número que hasta el momento nunca había marcado.

"Asesorías empresariales, buenos días, ¿en qué puedo servirlo?, contestó una secretaria.

"Buenos días, quisiera comunicarme con el Sr. Juan Carlos Bruzzier"

"Con mucho gusto se lo comunicaré, ¿podría usted indicarme su nombre?"

"Sí claro, mi nombre es Alberto Ledesma"

"Se lo comunicaré en un instante"

Entonces luego de tres rings, la secretaria volvió a alzar la bocina y dijo:

"Tal parece la línea del Sr. Bruzzier está ocupada, ¿desea esperar o llamar más tarde? "

"Deseo esperar", contestó Alberto con algo de desilusión, pero impresionado por la eficiencia de esta secretaria.

Luego de 40 segundos de espera, Juan Carlos contestó:

"¡Alberto!, que gusto me da saber de ti después de tanto tiempo, ¿Por qué no me has llamado?"

A Alberto se le caía la cara de vergüenza, pero respondió:

"Juan Carlos, me es urgente que nos reunamos, espero que aún tenga presente que tenemos una conversación pendiente, le pido disculpas por haber sido tan ingrato, solo que quise seguir al pie de la letra sus instrucciones cuando me dijo que lo llamara para mostrarle los resultados, así que ya tengo los resultados en la mano, y la verdad es que no es lo que me esperaba, así que creo que una vez más voy a necesitar de su valiosa ayuda"

Para aquel instante Alberto estaba sorprendido de sí mismo, de cómo se encontraba en ese momento pidiendo un favor de tal magnitud a una persona que en realidad apenas conocía, sin embargo Alberto esperaba que para ese entonces ya hubiera la suficiente confianza como para pedírselo así como lo estaba haciendo.

"Seguro que puedes contar conmigo Alberto", contestó Juan Carlos muy confiado.

"Justamente estaré de regreso en tu ciudad mañana, ¿te parece si nos reunimos en la tarde?"

"Me parece muy bien"

"Entonces llámame después del trabajo a este número para podernos encontrar", le dijo, y luego le dictó un número de teléfono que correspondía al de un móvil.

Se despidieron y al día siguiente Alberto esperaba con impaciencia la hora en que podrían encontrarse. Al terminar el día, tomó su teléfono móvil y marcó el número. Quedaron en encontrase una vez más en el restaurante donde tuvieron la primera conversación.

Al llegar, Juan Carlos había reservado una mesa para dos, y esta vez un mesero diferente los esperaba.

Alberto se apresuró por empezar a contarle todos los pormenores de los tres últimos meses y del éxito que había alcanzado, de lo excelente que había sido la idea de contratar a José, de como el resto del equipo se había contagiado y de los resultados que habían obtenido.

"Estoy totalmente sorprendido por lo que me está diciendo", añadió Juan Carlos.

"Pero entonces, ¿cuál es el problema?", preguntó mientras tomaba el menú para seleccionar algo ligero.

"El problema es que ayer recibí los resultados de las evaluaciones y sucede que las quejas, sugerencias y comentarios han aumentado, según los reportes.

¿Quisiera usted explicarme que pasó?"

En ese instante Juan Carlos soltó una carcajada y tenía una cara de sorpresa pintada en su rostro cuando dijo:

"¡No puedo creer lo que me está contando!"

"¿A qué se refiere?", preguntó Alberto.

"No es nada, solo que a medida que pasa el tiempo, sigo comprobando que mi abuelo definitivamente sabía lo que decía"

"No logro entender"

"Voy a explicarte lo que mi abuelo decía con respecto a este tema, pero lo sorprendente de todo ello es que casi siempre coincide, el orden de las máximas siempre llevan a este punto", recalcó mientras el mesero ya estaba colocándoles la típica canasta de pan del establecimiento. Luego añadió:

"Creo que también ha llegado la hora de añadir algo de mi propia experiencia con respecto a este tema"

Para aquel instante ya tenía la atención de Alberto al máximo nivel.

"Y debemos empezar desde el principio:

¿Qué es un Huésped?", preguntó y luego continuó:

"Un huésped es un cliente en nuestra casa. Aquel por quien nos esforzamos por atender de una manera muy especial y le ofrecemos un trato y privilegios que no adoptamos habitualmente, ni con los miembros de nuestra familia. El huésped es el que contrata y paga nuestros productos o servicios, y por ello debe recibir los beneficios correspondientes. El huésped es la razón de ser de un hotel."

"Juan Carlos, creo que eso lo tengo bien claro", refutó Alberto.

"Me parece muy bien, entonces debes también tener claro que existen ventajas al retener a los huéspedes en tu establecimiento, ¿sabes cuáles son esas ventajas?"

"Creo que sí, puedo mencionarte al menos una"

"Adelante"

"Para conseguir un huésped nuevo se debe invertir en comunicaciones y publicidad. El huésped que ya tenemos no tiene costo de adquisición, es decir que no necesitamos invertir más para conseguirlo. Y creo que esa es una ventaja."

"Alberto, estoy sorprendido. Pero añadiré cinco ventajas más a esa que mencionaste:

1. Está demostrado que los huéspedes, a medida que ganan confianza, van habituándose al hotel y con el tiempo son más frecuentes.

2. Todo lo que un huésped va a comprar a lo largo de su permanencia en el hotel, es también una ventaja. La utilidad que nos aportará en ese tiempo, es lo que se conoce como Valor Vitalicio de un Huésped. Por ejemplo, un huésped que compra 2000 dólares por año y suponiendo un 10% de utilidad sobre esas ventas, nos aporta 200 dólares anuales de ganancia. Si lo retenemos 12 años, ese huésped nos dejará una ganancia de 2400 dólares. Para obtener esa ganancia sólo necesitamos retener a ese huésped y no necesitamos invertir más.

3. Si se trata de un "prospecto", es decir un posible huésped, ese será el Valor Potencial del prospecto, ya que por experiencia y promedios sabemos que ese será el aporte del futuro huésped, cuando se convierta en frecuente. Pero para transformar a un prospecto en huésped, vamos a necesitar invertir en promociones, publicidad, comunicaciones, etc.

4. El huésped nos recomendará a otros conocidos o amigos. En algunos negocios de servicios, como las propiedades de tiempo compartido por ejemplo, el 98% de los huéspedes son amigos o parientes de

otros huéspedes. Esa cadena de promoción boca a oreja es la más efectiva, y eso es otra ventaja.

5. Los huéspedes frecuentes son menos sensibles al precio y estarán dispuestos a pagar un poco más porque prefieren estar seguros de donde se hospedan y se siente más cómodos con su hotel habitual."

"Me parece muy bien, pero aún no entiendo la relación de todo ello con mi problema."

"Ten paciencia, ya llegarémos al punto", advirtió Juan Carlos y prosiguió:

"Hay un concepto básico que mi abuelo siempre nos recordaba: Ningún hotel puede garantizar su permanencia en el mercado, ni la estabilidad laboral de sus colaboradores. Solamente los huéspedes pueden hacerlo. Dejémos sin huéspedes al hotel más grande que se nos ocurra y verémos cuanto dura. Hay una tendencia a olvidar esto y a esforzarse por quedar bien con los empleadores y a desatender a los huéspedes.

Mi abuelo también insistía siempre en hacernos entender que 'Todos éramos el hotel.'

El huésped no basa su simpatía en el trato que le prodigan los botones. Su percepción se basa en la forma en que lo trata cualquier persona del hotel, las telefonistas, las recepcionistas, los botones, el personal de caja y el personal de seguridad, porque para él ¡Todos son el hotel!

La mala impresión que puede causar una telefonista que nos atiende mal, es tan grave como la que puede causar un gerente que nos ignora o un recepcionista poco cordial.

Alberto, la sensación que debe percibir un huésped (tus huéspedes) es que todos en el hotel están para servirle, ayudarlo, asesorarlo, o sea que están trabajando con él y no contra él.

Otra de las máximas de mi abuelo era: *'Trata a los huéspedes como te gustaría ser tratado'*

Alberto, está estudiado que casi el 70% de los huéspedes se pierden debido a la indiferencia o la mala atención de telefonistas, recepcionistas, empleados, jefes o gerentes que los hacen esperar o los maltratan"

Alberto entonces tomó como personal esa aseveración, y tragó grueso pensando en las veces en que él mismo había cometido ese error.

Luego Juan Carlos continúo su lección con firmeza:

"Para los huéspedes, todos los hoteles son iguales, en realidad esa es la sensación de todo el mundo, de que todos los hoteles grandes son iguales. Todos son serios y hacen bien su trabajo. Y sus precios, también parecen similares, aun cuando es lógico que haya pequeñas variaciones, la sensación general es que son iguales.

Entonces, si la percepción es que los hoteles son casi iguales, los servicios son casi iguales y los precios son similares, ¿por qué tienen que hospedarse contigo?, ¿cuál es la diferencia que tú ofreces, que hará que decidan hospedarse contigo? "

Alberto pensaba profundamente, pero no le llegaba la respuesta a su mente, y ansioso esperó en silencio.

"La diferencia está en el valor agregado, el valor agregado de un producto o servicio está conformado por tres características: el valor técnico, el valor funcional y el valor emocional. Los valores técnico y funcional pueden percibirse como uno solo. Este valor funcional significa simplemente que lo que se compra funcione. Si es una habitación en este caso, debe verse bien, debe funcionar correctamente todo, y debe estar impecablemente limpia.

El huésped que compra una habitación atribuye el mérito o la culpa del valor funcional al hotel que lo ofrece."

Alberto por un momento se sintió de vuelta en la universidad, y siguió escuchando atentamente.

"El valor agregado emocional, lo dan las personas, que puede ser el recepcionista, el botones, el camarero o cualquier otro empleado o representante del hotel. Será la persona que nos salude, nos sonría, **nos llame por nuestro nombre**, esté atenta a nuestras necesidades, la que nos prodiga un buen trato"

Alberto pensó en voz alta e hizo una de esas preguntas que solo nos hacemos a nosotros mismos, por lo obvia de su respuesta. "¿Por qué será esto tan importante?"

Y Juan Carlos entonces contestó:

"Porque la suma del valor funcional mas el valor emocional es lo que confirma la lealtad del huésped. En promedio, solamente 1 de cada 6 compradores toma su decisión basada exclusivamente en el precio, y esto es en época de crisis, así que los huéspedes que te eligen por precio son huéspedes alquilados y temporarios. Son esencialmente infieles y se irán con cualquier otro hotel que les ofrezca un precio menor. Los huéspedes que te eligen por la relación personal que has establecido y que debes mantener, te serán esencialmente leales.

Alberto, tu ya has empezado a hacer correr ese proceso de lealtad con todo lo que has hecho al aplicar las primeras máximas que te ofrecí, ahora debes doblar la capacitación al personal de contacto con el público, en especial al personal que mantiene limpio el lugar, porque los huéspedes muchas veces no van a la recepción a averiguar dónde queda el teatro de la ciudad, sino que le preguntan al primer empleado que ven, que son generalmente, los de limpieza (botones, camareros, etc.) o de seguridad."

"¡Eso es totalmente cierto!", agregó Alberto. Luego Juan Carlos continuó:

"En todos los hoteles siempre hay algo que puede salir mal. Y es en esos momentos, el momento de la verdad, es cuando los huéspedes se hacen fieles a un hotel para siempre o lo dejan para siempre. Porque "en las buenas" todos los hoteles parecen buenos; pero es "en las malas" es cuando se conoce la rectitud e integridad moral de un hotel (y también de las personas).

Al hecho de estar preparados para revertir las situaciones adversas, mi abuelo lo llamaba *transformar un momento trágico en un momento mágico.* Y aquí es donde actúan las quejas"

"Creo que ya me estoy dando cuenta a donde va todo esto", dijo Alberto, entonces Juan Carlos preguntó:

"¿Qué es una queja o un reclamo?, ¿por qué y dónde se originan? Un huésped está inconforme cuando se le da menos de lo que esperaba o de lo que se le prometió. La satisfacción del huésped es el cociente entre lo recibido y lo esperado.

La máxima de mi abuelo decía algo parecido:

'La queja, es el reclamo de aquel que no recibió lo que se le había vendido. El quejumbroso es aquel que ya no quiere pagar por lo que se le ha vendido. En la hotelería a ambos hay que satisfacerlos'"

Alberto entonces soltó una carcajada.

"Cuando lo recibido es menor de lo esperado el huésped está insatisfecho", añadió Juan Carlos, y luego prosiguió:

"Por eso los que venden deben cuidarse de no sobre prometer porque eso conduce inevitablemente a la insatisfacción. Deben guardar algo para sorprender al huésped después que compró. El huésped descontento tiene dos opciones posibles: quejarse o bien marcharse sin decir nada y no volver más. Al no quejarse, no nos ha dado oportunidad de hacer algo al respecto, enmendar o corregir el problema, compensarle de alguna manera. Y probablemente nunca sepamos por qué se fue, qué es lo que hicimos mal. Simplemente no volverá y además se lo comentará a muchos otros parientes y amigos."

"Sí, todo eso es cierto, pero la verdad es que las quejas no me gustan, y creo que tampoco le gustan al gerente"

"Alberto, eso es normal. Las quejas no nos gustan porque son todo lo contrario a un elogio. Señalan algún defecto nuestro. Nos quieren culpar personalmente de algo que tal vez ni siquiera es culpa nuestra, y muchas veces nos preguntamos por qué se quejan tanto los huéspedes, pero en vez de aquello deberíamos preguntarnos por qué NO se quejan los huéspedes"

Alberto frunció las cejas, como tratando de entender. Juan Carlos agregó:

"Hay varias razones: porque creen que no vale la pena, que nadie los va a escuchar, de nada servirá, porque podrían poner en duda su queja, y tendrían que defenderse, porque otra gente se habría visto envuelta, habría sido un escándalo, a veces porque no saben con quién quejarse, porque van a pasar un mal rato, piensan que es molesto tener que quejarse, porque están muy enojados y temen excederse, porque los habrían tratado mal y entonces se enojarían mucho más, porque le van a pedir sus recibos y pagos y no sabe donde los puso.....o no los tiene y piensa que no tiene porqué tenerlos, o porque la persona sobre la que se quejaba podría perder su trabajo, en fin, hay un sinnúmero de razones. Ahora los que se quejan, lo hacen generalmente con la persona que los atendió (o los agravió) cuando pueden y se animan. Otras veces dejan constancia por escrito en algún libro de quejas o llaman a un número especialmente habilitado para los reclamos, o en la página web, o envían un e-mail, o en tu caso llenan un formulario.

Muchas veces se los calma y deciden continuar la relación con el hotel, pero ¿y los que no se quejaron?, ¿qué pasa con el 96% que no se quejó?"

"¿A qué te refieres con 96%?"

"Alberto, lamentablemente las estadísticas muestran que solamente se quejan entre un 3% y un 5%. Los demás se van. El que se considera maltratado, con o sin razón, no solamente no vuelve más sino que se lo comenta, en promedio a 11 personas, que a su vez, cada una, lo comenta a otras 10 u 11, armando una gigantesca cadena de mala propaganda."

Alberto estaba sorprendido.

"Y eso no es todo, además esto fortalece a tus competidores: Supongamos que tú tienes, por ejemplo, 100 huéspedes y tu competidor inmediato tiene 80, si por causa de mala atención pierdes 30 huéspedes al año, (un 30% es un porcentaje bastante frecuente) tu hotel se quedará con 70 huéspedes. Puedes pensar 'bueno, yo tengo 70 y el otro tiene 80, estamos muy cerca, ya volveré a crecer y pasar a la punta.' El problema es que esto no es así. Probablemente tus pérdidas las absorba tu competidor, que pasará a tener 110 huéspedes. Y esto equivale a 50% más huéspedes que tu, lo que dificultará tus posibilidades de recuperarte.

En todos los rubros, y en todos los tamaños de hotel, siempre hay un competidor que ataca exactamente el mismo mercado, el mismo target que nosotros, y tiene un tamaño parecido al nuestro.

Pero está demostrado que con el tiempo, en 10 a 20 años, uno de los dos pasará a ocupar el primer lugar. Y aproximadamente, el primero facturará el doble que el segundo.

Debes facilitar las cosas para que el huésped se queje. Y eso es exactamente lo que tú estás haciendo, preguntándoles cómo les ha ido, al salir del hotel."

"¿Me estás diciendo que mientras más quejas tenga es mejor?"

"En cierta manera sí, las quejas que recibes son grandes oportunidades de mejorar, y no entregar huéspedes a la competencia. En vez de incomodarnos cuando los huéspedes se quejan, deberíamos tener un rotulo bien grande que diga 'por favor, quéjese...solo así lo podremos atender cada vez mejor', por así decirlo.

Alberto, no tomes las quejas como algo personal. Piensa que es una buena oportunidad de aprender a corregir los errores y atender cada vez mejor a tus huéspedes. Esto se traducirá en más huéspedes que se hospedarán cada vez más frecuentemente."

"Ya lo entiendo"

"Ya hemos comentado que el huésped descontento se lo cuenta en promedio a 11 personas. El huésped conforme, y solo si está muy satisfecho se lo comentará en promedio a 3 personas."

"¡Vaya!, eso es injusto"

"Sí que lo es. Todos los hoteles pierden huéspedes cada año. En Argentina, en promedio, van desde un 25% de huéspedes perdidos hasta un 66%. Pongámoslo de esta manera:

De cada 100 huéspedes al comienzo del año, si pierdo 5 huéspedes por mes, me quedarán 40 en diciembre. Si consigo reducir esta pérdida de 5 a 4 huéspedes por mes, en diciembre tendré 52, los que significa un 30% más que en el otro caso. ¡Y eso reduciendo la pérdida solo en un 1!

Hay un principio conocido como la Ley de Aprendizaje, que demuestra que no solo el buen trato garantiza la continuidad de nuestros huéspedes. Tenemos que hacer cosas para que le resulte difícil cambiar de hotel. Por ejemplo, una tarjeta de membresía hace que a un huésped le resulte más fastidioso tener que ir a otro lado donde no lo conocen y tener que entregar información personal, iniciar nuevos trámites, etc.

Y aquí vienen dos máximas más de mi abuelo:

'Haz que a tus huéspedes les resulte cada vez más conveniente seguir contigo' y 'Haz que a tus huéspedes les resulte cada vez más inconveniente cambiar de hotel'."

Alberto estaba anonadado con toda la información que hasta ahora había recibido, Juan Carlos lo hizo volver en sí y continúo:

"La satisfacción no garantiza la fidelidad (siempre es más verde el césped del vecino...), piensa esto por un momento: Por insatisfacción no necesariamente nos abandonan (la empleada doméstica seguramente, una vez por día piensa que debería irse a otra casa, pero la pereza de tener que habituarse a otros horarios, otras personas con otras costumbres, hace que lo piense varias veces antes de cambiarse y hace que tolere más cosas. El ama de casa también a menudo tiene ganas de echar a la mucama pero de solo pensar en tener que volver a explicar todo a una persona nueva la hace más tolerante.

Yo "aprendo" todo de mis clientes. Sus preferencias, sus hábitos, lo que les gusta o disgusta..., y ellos ya me conocen, ya "aprendieron" todo de mí y de mis servicios, lo que yo les "enseñé" ¿cómo?, ¡mediante la relación personal!

Cuando la insatisfacción es mayor que el costo del cambio, el huésped se muda y recuperarlo después es casi imposible. Así que Alberto, ya no te esfuerces por recuperar a los huéspedes que ya perdiste, concéntrate en mejorar las técnicas de trato hacia los huéspedes que ahora tienes."

"¿Tienes algunos ejemplos?"

"¡Claro que sí!"

De repente el mesero, hizo un ruido para llamarles la atención, el tiempo se había pasado volando y no se habían fijado que ya el restaurante estaba vacío y a punto de cerrar.

Juan Carlos pidió disculpas, Alberto pagó la cuenta y salieron caminando del establecimiento. Él pensó que la conversación había llegado a su fin, pero Juan Carlos continuó.

"Debes enseñar a tus colaboradores acerca de la apariencia personal. La apariencia personal es muy importante. Es el primer impacto que se produce cuando vemos a alguien. Tenemos una sola oportunidad de una buena primera impresión. Y esa primera impresión se da con una sonrisa y con una apariencia personal prolija y esmerada. El saludo, ya sea con una sonrisa, con una inclinación de cabeza o con un apretón de manos fuerte y decidido y mirando a los ojos, crea una buena impresión.

La imagen del hotel ya se empieza a formar en la mente del posible huésped. Una de las técnicas que mi abuelo siempre resaltaba era la técnica del nombre."

"¿Que es esta técnica?, explícamela por favor."

"En cualquier idioma, en cualquier cultura, para cualquier persona, animal o planta:

'El sonido más dulce del mundo es el propio nombre'

El ser humano es egocéntrico. Cada persona es el centro de su propio universo, que comienza y termina con él mismo.

Para cada uno el tema más importante es hablar de sí mismo, su familia es la que más le importa, su salud, su fortuna, sus problemas.

Cuando uno mira una fotografía en la que hay muchas personas, primero se ubica a sí mismo y después observa a los demás personajes de la foto.

El profesional del trato, que por supuesto conoce esto, utiliza el **nombre** de la otra persona, varias veces a lo largo de una conversación.

Y consigue varios efectos importantes. Por ejemplo, el uso del nombre predispone positivamente.

Hablar durante un largo rato con una persona sin incluir su nombre, parece un mensaje impersonal, recitado de memoria, dirigido a cualquiera. Esencialmente, predispone mal, es descortés.

Es como esas cartas que comienzan:

'Estimado/a amigo/a: usted como padre/madre comprenderá etc. etc...'

Utilizar razonablemente el nombre de la otra persona la predispone favorablemente, la "ablanda".

Es agradable que utilicen nuestro nombre. Es cortés.

Cuando nos encontramos en la calle con alguien no muy conocido y que hace mucho no vemos, nos sorprende agradablemente cuando la otra persona recuerda nuestro nombre. Nos predispone bien que el otro haya hecho el esfuerzo de memorizar nuestro nombre.

A muchos nos da un poco de vergüenza volver a preguntar el nombre de una persona recién presentada, cuando no lo hemos entendido bien de entrada.

Es un error. A nadie le molesta aclarar su nombre o apellido. Ni que le pregunten cómo se deletrea o de qué origen es. Peor es continuar una conversación sin poder nombrarlo y más aún, si el que pronuncia nuestro nombre, no lo hace correctamente.

Por supuesto, tampoco hay que abusar, como esas cartas de venta donde en una sola hoja usan el nombre de las personas de 10 a 12 veces, de tal forma que uno termina pensando 'me parece que voy a tener que cambiarme el nombre'.

Como profesionales del servicio, debemos memorizar los nombres de las personas con quienes tratamos, en tu caso de tus huéspedes.

Para incorporar un vocablo nuevo a nuestro léxico, debemos utilizarlo por lo menos 10 veces. ¿Has notado, viendo televisión o escuchando la radio, que un locutor empieza a utilizar una misma palabra una y otra vez? Parece haberse enamorado de esas palabras.

"hhhmm"

"Lo que está haciendo es incorporarla a su vocabulario, y para ello la repite muchas veces. Con el nombre sucede lo mismo. Si repetimos el nombre de la otra persona varias veces, habremos incorporado ese nombre a nuestra memoria, y seguramente lo recordaremos con más facilidad cuando lo volvamos a encontrar.

Otro efecto a considerar con respecto al poder del nombre, es que el nombre es un "stopper". Por ejemplo, cuando dos personas discuten acaloradamente en una reunión (generalmente hablan las dos a la vez) una manera de cortar la discusión para intercalar una idea o una palabra es gritando más fuerte que los dos juntos. La otra manera, mucho más efectiva, es pronunciar el nombre de una de las personas que discuten y veremos que en la mayoría de los casos esta persona se detiene y nos mira.

Cuando vamos por la calle, escuchamos miles de sonidos y palabras y ruidos simultáneamente. Pero si alguien pronuncia nuestro nombre lo distinguimos de entre todos los ruidos y es posible que nos demos vuelta para identificar el origen, aunque no se estén dirigiendo a nosotros.

Los animales, por supuesto reconocen sus nombres. Cuando un perro se dirige amenazadoramente y gruñendo hacia nosotros, nos encantaría saber cómo se llama.

Es muy probable que eso lo amanse y se detenga inmediatamente.

"¿Y qué pasa con el Tuteo?", preguntó Alberto.

"Entre los muy jóvenes está bien que se tuteen aunque no se conozcan. A la gente mayor por otra parte, a veces le parece que ser tratados de 'usted' los envejece o les indica que han sido percibidos como 'viejos'."

"Entonces, ¿cuál es el mejor tratamiento?"

"Está bien el tuteo entre muy jóvenes y a la gente mayor hay que tratarla de 'usted', excepto cuando esta persona nos dice 'No me trates de usted que me haces sentir viejo', en este último caso, debemos cambiar el trato rápidamente.

Lo peor que he escuchado alguna vez en casos así, es algo como: 'Ay, no puedo tutearlo. Me cuesta mucho', en cuyo caso estamos reconociendo decididamente que el huésped nos parece viejísimo.

Alberto, debes crear alguna manera en que tus colaboradores y tú mismo utilicen esta técnica, por ejemplo conozco un hotel donde crearon el *año del nombre.* Durante ese año los colaboradores debían identificar a los huéspedes por sus nombres y apellidos, y no por su número de habitación. Hasta que se convirtió en un hábito que les benefició enormemente. "

Después de una pausa continuó:

"La mejor forma de incorporar la técnica es la utilización frecuente, la práctica. Cada vez que se dirijan a un huésped, deben utilizar su nombre."

Habían ya caminado por varios minutos sin rumbo fijo, entonces decidieron regresar al estacionamiento donde tenían sus vehículos parqueados.

"Alberto hay varios temas más que te tengo que mencionar, ¿piensas que mañana podríamos encontrarnos una vez más después de labores?"

Alberto no podía creer que sea él quien hiciera esa pregunta.

"Por supuesto que sí"

Se estrecharon las manos, se despidieron y cada cual tomó su rumbo.

A la mañana siguiente, Alberto convocó a reunión a todo el personal, y les explicó detalladamente todo lo que había recibido de Juan Carlos.

Capítulo 10

El Cuarto Encuentro

Terminada la jornada de ese día, Alberto llamó al móvil de Juan Carlos, esta vez lo invitaría a que se reunieran en el hotel, en la sala de sesiones, Juan Carlos encantado aceptó, así conocería mejor el entorno que rodeaba a Alberto.

Llegando al hotel, Alberto lo esperaba fuera, y bajo la mirada del resto de sus colaboradores quienes aún estaban en turno, lo dirigió hacia el lugar donde continuaría la conversación.

"Este es un hotel muy elegante, seguro tendrás éxito si aplicas lo que te digo", le aseguró Juan Carlos al entrar.

"Sí, es un hotel con buena reputación", añadió Alberto, mientras lo invitaba a sentarse.

"¿Desea algo de beber?"

"Sí, me encantaría un chocolate caliente"

"Me parece una excelente idea", entonces Alberto habló al servicio de habitaciones para que le trajeran dos tazas con chocolates bien calientes.

Mientras esperaban, Alberto ansioso por retomar el hilo de la conversación comentó:

"Me ha parecido muy interesante lo que me comentaste ayer sobre el uso de los nombres de las personas, lo he transmitido esta mañana a mis colaboradores, y están dispuestos a aplicarlo en su diario proceder, ¿hay algún otro secretito que me quieras compartir?"

Juan Carlos sonrió, y luego respondió:

"¡Claro que sí, para eso he venido!, ¿algunas vez has escuchado sobre el arte de escuchar?, esta es la parte más difícil del manejo de objeciones con los huéspedes, porque la verdad es que en general no sabemos escuchar."

"¡Yo creo que escucho bien…!", dijo Alberto bromeando.

Juan Carlos continuó:

"Todos sabemos oír, pocos sabemos escuchar. ¡Escuchar no es esperar turno para hablar!, escuchar es estar en condiciones de poder repetir palabra por palabra para demostrar que hemos entendido bien, para descubrir cuál es la verdadera objeción y para ponernos del mismo lado del huésped.

Mi abuelo decía que no era posible simular que uno escucha, el huésped se da cuenta. Y realmente, nos damos cuenta cuando no nos están escuchando. Los ojos vidriosos, la mirada medio perdida, el labio inferior abandonado a la fuerza de la gravedad...

Alberto, debes enseñar a tu gente que escuchar bien es 'Calidad de Atención', porque *escuchar* es *anticiparse*."

"¿Otras de las máximas de su abuelo?"

"Así es, ¡y funciona!, en los restaurantes de calidad el mesero se *anticipa* a llenar nuestra copa de vino y de agua, antes de que se termine. No espera que el comensal lo pida a gritos. En los restaurantes de calidad, cuando alguien saca un cigarrillo el mesero se *anticipa* y le acerca un encendedor. No podemos manejar bien una objeción sino la hemos escuchado bien. Y para escuchar bien no solo se necesita del órgano auditivo sino de todos los órganos, la vista, el olfato, etc."

"Sí, lo entiendo bien", susurró Alberto.

"Ahora bien, una vez que sepamos escuchar bien las quejas de los pasajeros debemos aprender a clasificarlas, esto nos ayudará a ubicarlo en el lugar de prioridad que es necesario. Existen 4 clases de huéspedes quejosos:

Extrovertidos	40%
Pasivos	15%
Furiosos	29%
Activistas	25%

Los extrovertidos, son los mejores entre los huéspedes quejosos, desearíamos que todos los huéspedes fueran así."

"¿Y eso por qué?"

"Porque estos huéspedes nos hacen saber su disgusto, y nos ayudan a saber cuáles son nuestros puntos débiles, están interesados en que se les solucione su situación, pero cuidado..., si no se les soluciona su queja, pueden convertirse en activistas.

Los quejosos pasivos son los que generalmente nunca se quejan, habría que maltratarlos mucho para que hablen.

Aunque no hablan mal de la compañía, tampoco dicen nada bueno, ni siquiera hablan del servicio. Lo malo de ellos es que nunca se sabe cuándo se van a pasar a otro nivel de queja. De ellos no vamos a aprender nada, y debemos hacer todo lo posible para que se animen a hablar.

Los quejosos furiosos, son los más letales de los cuatro grupos. Generalmente no le van a decir una palabra de su queja a la compañía, pero le van a contar a quien los quiera escuchar sobre su descontento, posiblemente exagerando la situación. La compañía nunca sabrá de su existencia, y no podrá hacer nada para que vuelvan.

Los quejosos activistas, son más peligrosos que los iracundos. Sobre todo si no están satisfechos con la reacción de la compañía ante su queja. Quieren más que un lógico resarcimiento, su principal motivación es la venganza, mientras esparcen su versión sobre el mal servicio de la compañía a todo el mundo. Son capaces de recurrir a cualquier medio, inclusive la publicidad, abogados, cartas de lectores, para hacer daño a la compañía.

Alberto, debes enseñar a tus colaboradores lo que un huésped realmente desea cuando se queja y cómo tratarlo"

"¡Soy todo oídos!"

"El huésped que se queja quiere **una disculpa**, quiere ser tratado con cordialidad. El huésped está convencido de que tiene razón, de que tiene derecho a reclamar lo que está seguro que le pertenece y le niegan. La disculpa tiene que ser seria, sincera y enfática. No basta con una cortés disculpa, debería ser en nombre del que lo atiende y en nombre del hotel, recuerda que para el huésped, la persona que lo atendió mal, él es el hotel.

Ahora bien, es cierto que hay huéspedes a quienes con una disculpa apropiada no bastará, debido a que están furiosos, pero aún así es posible convertir esos huéspedes furiosos en socios. Lo primero que debemos hacer es aislar al huésped furioso, llevarlo a otro lado o a un salón privado, a tomar un café o un té para tranquilizarlo.

La furia pasa por 4 estados:

Shock; tal como pasa el primer instante en que uno ha chocado con el auto o nos han chocado, sentimos una incredulidad inmensa, no podemos creer lo que nos ha pasado y tratamos de volver el tiempo atrás hasta unos segundos antes del choque.

En la etapa siguiente empezamos a entender lo que ha pasado y repasamos la situación para convencernos de que no fue nuestra culpa.

Luego viene la negociación; en este punto estamos dispuestos a hablar con la persona que nos atendió mal, pero ya nos damos cuenta que lo que sucedió no puede retroceder y empezamos a pensar en una solución.

Entonces viene la aceptación; en este punto lo aceptamos definitivamente como una realidad y es el momento al que tenemos que llegar para poder comunicarnos con el huésped furioso. Estos pasos son importantes de monitorear y acompañar porque de lo contrario se rompe la cadena de comunicación."

"Shock, asignación de culpas, negociación y aceptación, ¿eh?" dijo Alberto tratando de memorizarlo.

"Así es; lo siguiente es ponerse del lado del huésped, aceptar el comportamiento del otro con calma, aunque éste sea ofensivo. Y más bien nosotros debemos crear una sensación de armonía y serenidad, la calma es contagiosa. Debemos evaluar la intensidad de la furia y demostrar preocupación y no indiferencia para luego llegar al fondo del problema lo antes posible, lo que necesita el huésped para estar satisfecho.

Mirar al huésped a los ojos en todo este proceso es de suma importancia, muchas veces el acto de tomar de sus manos la comida defectuosa o el contrato objetado, transmite una buena disposición por parte del hotel a hacerse cargo del problema, para aceptar la culpa.

También hay que decir las palabras adecuadas, no decir que está errado ni amenazar, sino transmitir comprensión.

No debes interpretar al huésped o adivinar; que él diga lo que quiere y necesita.

No se debe jugar al 'eso no es nada', nada fastidia más a un huésped que esa actitud, porque para él lo que haya pasado es gravísimo, muy importante, aunque para nosotros en ese momento nos parezca que no es tan grave.

No se debe culpar al huésped, muchas veces el que lo atiende trata de revisar el producto defectuoso para encontrar una manera de culpar al huésped y así zafar del compromiso.

No se debe dar consejos no pedidos. Es muy fácil dar consejos cuando el problema no es nuestro.

No usar 'negaciones' sino 'posibilidades'

"¿Y eso que significa?"

"Significa eliminar palabras como 'pero' y 'sin embargo'. Decir, 'usted tiene razón, pero...' ese 'pero' contradice todas las aceptaciones anteriores.

Que nunca digan 'Voy a tratar, pero no le puedo prometer...'. Cuando decimos eso el huésped ya sabe que no lo vamos a resolver. Digamos 'le prometo, le aseguro, etc.'"

Alberto entonces pensó profundamente en todo lo que había escuchado, pero Juan Carlos estaba realmente inspirado y continuó:

"Alberto, debes enseñar a tu gente a transmitir seguridad y a adoptar una posición correcta cuando reciban las quejas personalmente. Estas son las posiciones y las frases que más los beneficiarán:

Investigativos: 'que vayan al fondo del problema...'

Sugestivos: que usen frases como 'esto es lo mejor que podemos hacer para solucionar su problema...'

Inquisitivos: 'cuénteme qué pasó, quiero saber...'

Analíticos: 'veamos qué podemos hacer, paso a paso...'

Tranquilizadores: '¿lo entendí correctamente?'

Todas estas frases convertirán a un huésped furioso en un socio, porque tú estarás de su lado."

Juan Carlos tomó un sorbo de su chocolate y entonces prosiguió:

"Cuando no podemos hacer otra cosa, porque no es nuestra área o porque no está a nuestro alcance, debemos asegurarnos de que será atendido hasta el final por el departamento o la persona a quien hemos derivado el problema.

En fin, en resumen, siempre se debe actuar en lo personal.

La furia del huésped es parcialmente motivada por el deseo de llamar la atención, así que hay que hacerle saber que tiene una persona real de carne y hueso tratando de resolverle el problema. Usa la técnica del nombre, dale tu propio nombre, si no sabes qué hacer, admítelo con franqueza y vayan juntos a buscar ayuda y si tienes que pedir disculpas, hazlo enfáticamente."

Ambos tomaron de sus tazas de chocolate, y un silencio prolongado se apoderó de la sala. Luego Juan Carlos dijo:

"Alberto, hay algo más que quiero decirte, y esto ya es parte de mis estudios como asesor, pero tiene que ver mucho con las enseñanzas de mi abuelo. Son las 7 reglas que se deben seguir para recibir y tratar una queja. La verdad es que se aplican a cualquier ámbito, incluso al hotelero, por eso quiero compartírtelas"

"¡Juan Carlos!, una vez más tienes toda mi atención."

"Regla #1, se debe escuchar activamente sin interrumpir. Regla #2, se debe clarificar y repreguntar. Regla #3, se debe agradecer y explicar. Regla #4, se debe pedir disculpas. Regla #5, se debe aceptar enfáticamente, Regla #6, se debe solucionar. Y por último, Regla # 7, se debe asegurar la satisfacción del huésped. ¿Crees que puedas recordarlas?"

"Parecen como un modelo a seguir, creo que puedo hacerlo:

1. Escuchar activamente sin interrumpir

2. Clarificar / Repreguntar

3. Agradecer y explicar

4. Pedir disculpas

5. Aceptar enfáticamente

6. Solucionar

7. Asegurar la satisfacción del huésped

¿Qué te parece?"

"Me parece que tienes una excelente memoria. Pero permíteme ahora explicarlas un poco más a fondo, ¿te parece?"

"¡Perfecto!"

"Muy bien, existen varios tipos de quejas, como las reales con solución, o las reales sin solución, también las ocultas o excusas y las infundadas. Todas deben ser 'procesadas' en los 7 pasos que te acabe de explicar. Si logras que tus colaboradores dominen este proceso, habrás dado un paso importante en el mejoramiento de la calidad del servicio en este hotel.

Ahora bien, los huéspedes escuchan y retienen lo que quieren, escuchan lo que les conviene, y no escuchan lo que no les gusta."

"Me he fijado mucho en ello, ¿es natural?"

"Sí. Todos hacemos lo mismo. El mismo discurso escuchado por 10 personas es interpretado de 10 distintas maneras. Durante todo el proceso tenemos que recordarle y poner énfasis en cada elemento de valor o beneficios que el hotel tiene. Es preferible cambiárselo por uno nuevo en vez de devolverle el dinero.

Creo fervientemente que todas las máximas de mi abuelo, con respecto a este tema de las quejas, se resumen en estas 7 reglas:

Una queja debe **escucharse activamente y sin interrupciones** de nuestra parte, así demostramos interés, podremos repetirla, para 'ajustarla', y poder solucionarla. No podremos manejar bien una objeción sino la hemos escuchado bien.

Ya sabes que escuchar bien es 'Calidad de Atención', y genera una sensación de calidad, porque *escuchar es anticiparse.*

Una queja se debe **clarificar y repreguntar.** Repetir la queja, palabra por palabra, para 'pasar en limpio', usando frases como 'a ver si le entendí correctamente, usted me dice que...etc.', o '¿porqué me lo pregunta?', o '¿por qué me dice que...?', o "en otras palabras, usted quiere saber si...'

Esta técnica es el resultado de la práctica en el manejo de objeciones y de reclamos, elaborada con cientos de vendedores y profesionales del trato, a lo largo de mis años como asesor, y es la herramienta más efectiva para desactivar una queja agresiva o muy tajante.

La repregunta es un método utilizado por los psicoanalistas para llegar al núcleo del problema...

¿Has notado que siempre contestan una pregunta con otra pregunta?

Académicamente, se asemeja mucho al conocido método Socrático; el método que usaba Sócrates con sus discípulos para que ellos llegaran solos a la verdad, por medio de una larga serie de preguntas…

Cuando se recibe una queja se debe **agradecer y explicar**. El huésped nos hace un regalo con su queja. Nos está ayudando a mejorar y a no cometer el mismo error otra vez, y debemos agradecérselo enfáticamente.

Debemos crear una sensación de armonía y calma para conversar mejor y poder explicarle las causas del problema, si las conocemos. Explicarle que de ese modo sabrémos cuáles son nuestros puntos débiles, defectos, errores... para no volver a cometerlos.

Debemos **pedir disculpas**. Representamos a toda la compañía y al disculparnos, el hotel también se está disculpando.

Haciéndolo, ayudamos al huésped a mantener su ego. Cuando el huésped escucha una disculpa le disminuye enormemente el enojo o le desaparece. Cuanto más alto sea el nivel de la persona que se disculpa, mayor será la satisfacción del huésped.

Cuando recibimos una queja, se la debe **aceptar enfáticamente,** con frases como:

'Yo lo entiendo, y si estuviera en su lugar pensaría lo mismo. '

'Me imagino que esto no es lo que usted esperaba.'

'A mí me pasó una vez algo parecido y me sentí mal.'

'Es mi culpa por no haber aclarado con usted lo que esperaba.'

Siempre es porque me expliqué mal y no porque él me entendió mal.

Cuando dos personas opinan distinto acerca de algo, puede haber una discusión. Son antagonistas. Están cada uno del lado opuesto del escritorio.

Cuando dos personas opinan lo mismo acerca de algo, no puede haber una discusión. Están de acuerdo.

Cuando un huésped presenta una queja, generalmente es por alguna razón, algún temor, alguna duda.

El peor error de un hotelero es demostrar que considera que el reclamo es absurdo o infundado o que no es importante. La queja siempre es importante para el huésped

Después de haberla escuchado, clarificado y repreguntado ya sabemos cuál es la duda o la queja del huésped. Entonces hay que aceptar la queja. Y eso significa ponerse en el lugar del huésped, tratar de pensar como él, tratar de percibir cuáles son sus temores o dudas, demostrar empatía con el huésped.

Después de todo ello se debe **solucionar el problema.** Podemos usar frases como:

'Vamos a ver cómo lo solucionamos...'

'De todos modos se resolverá muy bien...'

'Qué le parece si...'

Tenemos definitivamente que solucionar el problema, rápida y eficientemente, por nuestra cuenta o derivándolo (junto con nosotros) a quien corresponda.

Por último se debe **asegurar la satisfacción del huésped.** Llamarlos nuevamente, dar seguimiento. De esta manera el huésped siente que se lo ha ayudado y mejora la lealtad, lo recordará por mucho tiempo

A veces odiamos las malas noticias. Por eso muchas veces no queremos volver a llamar al huésped para verificar que le solucionaron el reclamo derivado a otro departamento o persona. Tenemos miedo de que nos digan que el problema no fue solucionado y que aún subsiste.

Debemos llamarlo para verificar que ya está todo arreglado, porque a veces la persona a quien se lo derivamos lo da por terminado, pero el huésped todavía no está conforme."

Juan Carlos entonces dio por terminada su lección y tomó el último sorbo de chocolate que le quedaba. Alberto mientras tanto pensaba en todo lo que había escuchado y de cómo habría de transmitirlo a su equipo, tan efectivamente como lo había recibido.

"Me temo que se ha hecho tarde", comentó Juan Carlos.

"Sí, tienes razón, el tiempo ha pasado volando, tengo mucho que agradecerte Juan Carlos, siento que las lecciones de tu abuelo y tu vasto conocimiento me han beneficiado como no tienes idea. Ahora tengo una perspectiva diferente de la hotelería, del trato a los huéspedes y del valor de las quejas."

"Me alegra mucho escuchar eso, el siguiente paso es transmitirlo a tu equipo y lograr los resultados.

Hay algo más, estaré fuera del país por algunos meses, he logrado cerrar un negocio muy grande en el extranjero, así que también he venido a despedirme, espero que nos volvamos a ver a mi regreso."

"¡Que sorpresa me has dado!, seguro tendrás mucho éxito en el extranjero, de verdad muchas gracias por lo que has hecho por mí."

Entonces un abrazo despidió a estos dos personajes por algún tiempo.

Alberto dedicó todos sus esfuerzos para transmitir y hacer cumplir todo lo aprendido, y José se convirtió en su mano derecha en esta labor. Al cabo de unos meses lo hizo recorrer casi todos los puestos a fin de que todos se contagiaran de su optimismo y forma de trabajar. También instituyó talleres semanales en los que discutían la manera de satisfacer a los huéspedes, abordar las quejas y hallar maneras de solucionarlas, aplicando todo lo que Juan Carlos le había enseñado.

Mandó a hacer rótulos con las máximas de la hotelería, a fin de que quedaran visibles a los ojos del personal.

Aunque no volvió a ver por mucho tiempo a Juan Carlos, tenía muy presente las máximas, que guiaban sus labores diarias en el hotel.

Capítulo 11

El Huésped

(9 meses después)

Una tarde un desconocido transeúnte llegó a las instalaciones del hotel. Su apariencia era más bien conservadora, elegante pero sin llamar la atención.

Se paró en la entrada principal que da hacia la recepción, y como ya era de costumbre un botones le abrió la puerta y lo saludó con una amplia sonrisa, luego le preguntó si tenía reserva, él contestó que no, pero que le gustaría hospedarse. Entonces el botones le pidió de favor que lo siguiera, y lo guió por la sala de espera hacia la recepción, allí lo esperaba una hermosa dama, quien le dio la bienvenida y le pidió de favor llenara el registro de huéspedes sin reserva. Después de explicarle los detalles de las instalaciones y de sus servicios, lo invitó a que pasara a su habitación escoltado por el botones quien esperaba a su lado.

"Sr. Noriega, ¿no trajo usted equipaje?", preguntó el botones mientras lo invitaba a seguir.

Le llamó por el nombre porque lo escuchó de la recepcionista varias veces.

"No José, mi equipaje se quedó en mi auto que está estacionado a unas cuadras de aquí, estuve buscando hotel por varios minutos, pero finalmente encontré uno lejos del estacionamiento donde dejé mi vehículo.", contestó.

Le llamó por el nombre porque lo leyó del distintivo en su pecho.

José entonces vio una oportunidad en esa situación y preguntó:

"Sr. Noriega, si usted me lo permite yo podría ir a ver su auto para estacionarlo en nuestras instalaciones y traer su equipaje a su habitación, solo dígame por favor, ¿dónde se encuentra estacionado?"

"José, ¿harías eso por mí?", preguntó.

"¡Estoy para servirlo!", respondió con absoluta sinceridad.

Entonces llegaron a la habitación, José le mostró donde se encontraba cada cosa, y luego recibió las llaves y las instrucciones de cómo llegar al estacionamiento donde encontraría su auto y las descripciones del mismo.

José se dirigió al estacionamiento y un guardia esperaba en la puerta, José le describió el auto que buscaba y el guardia preguntó.

"¿Tu trabajas como botones en el hotel que queda a unas cuadras de aquí?"

"Sí", contestó.

"Entonces el auto que buscas debe ser aquel, el dueño se estacionó hace unos minutos y dijo que un botones de ese hotel lo vendría a recoger"

José se sorprendió, pero continuó con su tarea de llevar el auto hacia el estacionamiento del hotel. Al llegar subió el equipaje hacia la habitación, el huésped abrió la puerta, sacó la mano, tomo el equipaje y le cerró la puerta.

Desde adentro de la habitación escucho que le agradecía por el favor.

"Tengo también las llaves de su vehículo", gritó José.

"Mantenlas contigo, te las pediré mas tarde", contestó.

A José le pareció muy extraña la situación, pero pensó que solo se trataba de uno de esos huéspedes excéntricos que siempre llegan a los hoteles.

Dos horas más tarde el teléfono sonó, contestó Catherine la operadora del hotel, su visor indicaba que el Sr. Noriega llamaba desde la habitación 6006.

"Buenas tardes Sr. Noriega, le saluda Catherine, ¿en qué puedo servirlo?", preguntó.

"Si Catherine, quisiera que me envíes a José a la habitación, necesito las llaves de mi auto"

"Con mucho gusto, José estará allá en un momento"

Entonces Catherine avisó a José sobre el requerimiento del Sr. Noriega, y éste rápidamente se dirigió a su habitación y entregó la llave del auto.

Minutos más tarde volvió a sonar el teléfono de Catherine desde la habitación 6006, esta vez el Sr. Noriega le solicitó que le enviara otro botones que no fuera José.

"Con mucho gusto", le contestó, y luego de enviarle a Manuel, contó a José lo que había acontecido, José se extrañó pero continuó con sus labores normales.

Manuel entonces llego a la habitación del Sr. Noriega, quien le abrió la puerta y lo hizo pasar. Le entregó las llaves del auto y le pidió que fuera a recoger un sobre que había dejado en el auto debajo del asiento del conductor.

Manuel fue al lugar donde el auto estaba estacionado y abrió la puerta. El auto era uno de esos de tres puertas, que los asientos delanteros se reclinan hacia adelante para dar paso a que las personas entren a los asientos traseros.

Manuel reclino el asiento delantero y encontró el sobre justo en el lugar donde se le había indicado, pero también encontró otro sobre entreabierto, lleno de dinero en efectivo. Parecía que había entre 100 y 150 billetes de varias denominaciones, la suma era muy alta.

Manuel se asustó con semejante escenario, y decidió tomar el sobre que le indicaron, asegurarse de cerrar bien la puerta y regresar a la habitación del Sr. Noriega.

Al regresar a la habitación, el Sr. Noriega le abrió la puerta y se paró frente a Manuel con un gesto algo intimidante, recibió el sobre y cerró la puerta, desde adentro de la habitación se escuchó un grito de "gracias", Manuel se retiró y se empezó a regar la voz del misterioso huésped de la habitación 6006.

Minutos después llegó a los oídos de Alberto los rumores acerca de este huésped, así que su consejo fue:

"Quien quiera que sea, quiero que lo traten con el mismo esmero que hemos venido tratando a todos desde que implementamos las máximas." Y así se hizo.

En otra ocasión, llamó a la recepción para solicitar que bajaran la temperatura en su habitación, también quería pedir algo de comer a la habitación. La recepcionista le tomó el pedido ella misma, lo pasó al servicio de habitaciones y se aseguró de que llegara a tiempo. Después de media hora llamó al Sr. Noriega para preguntarle por el servicio y que cuando estuviera listo por favor no dudara en llamarla para enviarle a José para retirar los platos.

Al día siguiente, Juan, el camarero asignado a esa habitación y quien también había escuchado los rumores acerca de este huésped, entró en la habitación para limpiarla, notó que el Sr. Noriega había salido, así que empezó su limpieza por el baño

Él también vio el sobre con el dinero regado sobre la cama, había mucho, así que pensó que después de limpiar el baño tendría que recoger todo el dinero y colocarlo en un lugar visible para poder tender la cama con facilidad, se le ocurrió contar el dinero y dejar una nota con la cantidad escrita, sobre el dinero ya ordenado, en total sumaban $12, 135, en varios billetes de 100, 20, 10, y 5.

Terminó su trabajo en esa habitación y se aseguró de dejarla cerrada correctamente.

Ya en la tarde, todos se percataron del regreso del Sr. Trujillo, parecía que ya era uno más de los frecuentes huéspedes del hotel, pues todo el mundo lo saludaba llamándolo por su apellido, José al verlo entrar se dirigió a la recepción para solicitar la llave de su habitación, así no tendría que recorrer el 'largo' camino hacia la recepción y luego hacia ascensor. El Sr. Noriega agradeció el gesto de José y tomó el ascensor hacia su habitación, al entrar estaba perfectamente limpia y ordenada, la cama había sido tendida y el dinero colocado en uno de los estantes.

El Sr. Noriega permaneció varias semanas hospedado en el hotel, ya todos lo conocían como un huésped misterioso y exigente, pero la consigna de Alberto había sido la de tratarlo igual que a todos los huéspedes.

En la oficina del gerente, el Sr. Betancourt, sonó el teléfono, la secretaria contestó, una voz misteriosa le indicó que necesitaba hablar con el gerente del hotel…

"¿Me podría decir su nombre para anunciarlo?", preguntó la secretaria.

"Dígale que mi apellido es Noriega, soy un huésped de su hotel, y quisiera hablar con el seriamente."

La secretaria anunció la llamada y entonces hablaron por un largo tiempo, nadie sabía de que se trataba, la secretaria empezó a avisar al resto de departamentos para ver si sabían algo referente a esta llamada misteriosa.

Al día siguiente el Sr. Noriega se presentó en la oficina del Sr. Betancourt, se reunieron a puerta cerrada en la oficina de la gerencia, y por todo el hotel se percibía un ambiente de incertidumbre.

¿Quién era este huésped misterioso?, y ¿por qué estaba reunido con el Sr. Betancourt?, ¿cuál sería el tema se su tan larga conversación?...

Todas estas preguntas invadían las mentes del departamento de Alberto y la de él mismo.

Al día siguiente, el Sr. Betancourt convocó a una reunión inesperada, tendría que asistir todos los empleados del hotel, especialmente los del departamento de recepción.

Alberto estaba muy ansioso, no sabía que estaba pasando, pensó que alguien habría cometido un error garrafal y que definitivamente la reunión tenía que ver con el Sr. Noriega.

Capítulo 12

La Sorpresa

Media tarde, viernes, fin de jornada. Todos estaban ya reunidos en la sala de sesiones de la gerencia general, todos se miraban las caras, como intentando hallar respuestas en las expresiones de los demás.

Con una seriedad profunda el Sr. Betancourt tomo la palabra:

"Señores, los he reunido aquí para anunciarles un asunto muy importante para este hotel. Todo tiene que ver con el proceder que ustedes han tomado como norma desde hace algún tiempo…"

Alberto pensó en ese momento que ese era el fin de su carrera, que a lo mejor la estrategia no había funcionado como se esperaba.

"Quiero presentarles a alguien que a lo mejor ustedes ya conocen…"

Entonces entro al salón el Sr. Noriega y saludó a todos los presentes. Alberto se dijo a sí mismo: "¡sabía que él tenía que ver algo con todo esto!"

"Señores, me siento muy contento del anuncio que les voy a hacer. Soy un representante del Premio Bruzzier, entregado a los mejores hoteles del país, como reconocimiento a la excelencia en el servicio.

He estado hospedado con ustedes desde hace algún tiempo, evaluando, y poniendo a prueba su servicio, honestidad, proactividad, optimismo, y todos los valores que hacen de un hotel el mejor y merecedor a este premio.

He informado a su gerente que este hotel ha sido calificado para merecer esta mención, y tiene muy buenas posibilidades de ser el ganador"

Alberto estaba sorprendido, no lo podía creer, después de todo, el esfuerzo había dado resultado.

"Dentro de los siguientes tres meses, visitarán este hotel sorpresivamente, tres delgados más de nuestra organización, quienes calificarán y darán el último veredicto. Esa es la razón por la que he venido aquí a anunciárselos."

Luego el Sr. Betancourt tomó la palabra y dijo a todos:

"No puedo dejar pasar por alto, mencionar al responsable directo de este gran paso, Alberto. Él ha impulsado un cambio rotundo en la filosofía de este hotel, él y sus ideas nos han llevado a este momento."

Luego dirigiéndose a Alberto le dijo:

"Pero Alberto, tu trabajo no ha concluido aquí, aunque tu departamento es el más numeroso, para ganar este premio tan importante, debemos contagiar a todo el hotel con esta filosofía, así que en los siguientes tres meses, te nombraré gerente de operaciones, con el fin de que hagas lo mismo con toda la operación del hotel"

Un impacto profundo invadió a Alberto, todo había sido tan sorpresivo, de repente volvió en sí y notó que sus compañeros lo ovacionaban, entonces decidió también tomar la palabra:

"Muchas gracias compañeros, pero aún no hemos conseguido nada, así que hay que poner manos a la obra una vez más y ganarnos esa mención; yo no he hecho nada sino por medio de cada uno de ustedes, y así como alguna vez utilicé a José para contagiarlos, así deseo ahora utilizarlos a ustedes para contagiar al resto del hotel."

Otra ovación se hizo presente y las felicitaciones y expresiones de apoyo no se hicieron esperar, así concluyó una emotiva y sorpresiva reunión, a la cual todos asistieron con gran incertidumbre, pero salían con una gran determinación de lograr la meta.

Alberto salió casi corriendo de la sala, llegó a su oficina y buscó entre sus papeles la tarjeta de Juan Carlos Bruzzier, después de todo este éxito había sido también de él, así que no dudó en buscar la manera de compartirlo con él, aunque hacía ya mucho tiempo que no sabía de él.

Cuando llamó por teléfono a su oficina, contestó la misma secretaria que no había escuchado desde hace mucho tiempo, pero solo para enterarse que Juan Carlos aún estaba fuera del país. Entonces le preguntó si había una manera de comunicarse con él; ella contestó que sí, y le dio un número de teléfono, de esos que sabes que no son de tu localidad, por lo largo que son.

Tan pronto como se despidió de la secretaria, llamó por teléfono a ese número, se trataba de un hotel de la ciudad donde se encontraba. Alberto preguntó por Juan Carlos, y se lo pasaron a la habitación, pero nadie contestó, después de sonar tres veces, la llamada regresó a la operadora y entonces Alberto decidió dejarle un mensaje.

Juan Carlos, espero que el éxito te este acompañado, sé que hace mucho tiempo que no sabemos el uno del otro, pero tengo algo importantísimo que contarte, por favor si puedes llámame apenas llegues al hotel a este número...

Alberto Ledesma

Luego de dos días, Alberto aún no recibía ninguna respuesta de Juan Carlos, 'a lo mejor se encuentra muy ocupado para contestar', pensaba, pero decidió insistir y volver a llamar al hotel donde supuestamente se hospedaba. Al llamar la operadora telefónica le informó que Juan Carlos se encontraba ausente una vez más, entonces no le quedo más que dejar otro mensaje:

Juan Carlos, espero que hayas recibido el mensaje de hace dos días, solo quería contarte que todo ha funcionado de maravilla, y ahora estamos encaminados hacia el premio Bruzzier, ¡qué le parece!, me encantaría conversar con usted y compartir mi alegría. El gerente me ha encargado toda la operación del hotel, y quiere que en tres meses logre los mismos resultados que se han logrado con la recepción. ¡Necesito su ayuda! ...por favor llámeme cuando pueda.

Alberto

Capítulo 13

La Última Máxima

Luego de una semana de intentos fallidos, llegó a la oficina de Alberto una carta, como remitente se leía Juan Carlos Bruzzier, y en el sobre un sello rojo con letras grandes que decía ¡URGENTE!.

Al fijarse, Alberto abrió el sobre desesperadamente y empezó a leer la carta:

Estimado Alberto:

Siento mucho no haberte llamado, imagino lo contento que haz de sentirte, yo también me siento parte de este éxito. No te he llamado porque llego muy tarde, el trabajo ha aumentado acá, y me mantiene muy ocupado. Debe ser un gran desafío el que estas enfrentando al asumir toda la operación del hotel; mientras leía la última nota que me dejaste, recordé que hubo una máxima que nunca te mencioné, por teléfono no me hubiera sido posible explicártela, así que decidí escribirte esta carta, que está basada en un artículo que escribí para un diario hace mucho tiempo.

Primero la máxima de mi abuelo:

'El hombre que no sabe sonreír, no califica para ser hotelero'

Cuando estaba a punto de graduarme decidí investigar y escribir un artículo, relacionado con esta frase, luego de un tiempo lo publiqué y ahora lo comparto contigo.

La mayoría de las personas intuitivamente siente que las cosas más sencillas en la vida son las más importantes, o, si así lo prefieres, que lo más importante en la vida resulta ser lo más sencillo. Este es un descubrimiento muy profundo. Por ejemplo, ¿qué podría ser más importante que respirar? Y, sin embargo, pocas veces pensamos al respecto -el aire fresco es gratis- por más que moriríamos en pocos minutos si se nos privara de él. Otra cosa sencilla que tiene gran importancia es la sonrisa. Una sonrisa no cuesta nada en términos de dinero, tiempo o esfuerzo, pero es literalmente verdad que puede tener una importancia suprema en la propia vida. Una sonrisa a menudo relaja una cierta cantidad de músculos, y cuando la misma se convierte en hábito, fácilmente puedes ver cómo se acumulará el efecto. Las sonrisas del año pasado están pagándote dividendos hoy. El efecto que una sonrisa tiene sobre otras personas no es menos notable. Desarma toda sospecha, disuelve el temor y la ira, y produce lo mejor en la otra persona.

'Es más fácil obtener lo que se desea con una sonrisa que con la punta de una espada'.

Una sonrisa es a los contactos personales lo que el aceite es a la maquinaria, y ningún ingeniero inteligente jamás descuida la lubricación.

Mientras más uno sonríe, mayores serán los beneficios psicológicos. Sonreír ayuda a potenciar la fe y esperanza, facilita el logro de nuestras metas, con mejor autoestima, autocomprensión y entendimiento con los demás. La sonrisa integra el grupo familiar, laboral y social.

La sonrisa es una liberación para emociones reprimidas, como la ciencia lo demostró.

Una cara sonriente disminuye el cortisol u hormona de la ansiedad y el estrés que debilita el sistema inmunológico y daña a las neuronas cerebrales.

Por lo tanto, cada sonrisa tuya es una cápsula ansiolítica antiestrés que te estimula a poner buena cara ante el mal tiempo y disfrutar de los sorprendentes beneficios de la Actitud Mental Positiva.

Quien sonríe aprende a ser optimista, ser optimista es el reflejo de una Actitud Mental Positiva, esta actitud mejora la autoestima, protege el equilibrio anímico del individuo, garantiza el equilibrio físico, psicosomático y social, favorece la mejor adaptación, aceptación, seguridad y gratificación, proporciona un estado de bienestar, calma, tranquilidad, serenidad y optimismo.

Ayuda a afrontar serenamente las situaciones adversas, contribuye a ver la vida con mayor dinamismo y esperanza. Se producen efectos saludables psíquicamente, dando vitalidad, optimismo, posibilitando la creatividad y seguridad y el mejor funcionamiento de las actividades mentales, al mismo tiempo que estimula la armonía del sistema nervioso central y endócrino, todo ello por desencadenar una especial respuesta motora a nivel de los 46 músculos faciales de la sonrisa'.

Alberto, creo que esta técnica te ayudará mucho a cumplir con tu objetivo en tan poco tiempo, sé que lo lograrás, influir en las personas no es tarea fácil, pero es la esencia del liderazgo.

'Liderazgo es influencia, y la influencia es el resultado de saber ganarse a la gente'.

Persuadir a la gente es un arte no un truco. Para nadie es un secreto que existen principios esenciales para influir, convencer, persuadir, inducir, negociar o vender. Estas pautas han sido recopiladas y explicadas en innumerables cantidades de libros y cursos que tratan acerca de cómo tratar y relacionarse con los demás. Muchos confían en sus capacidades y conocimientos, pero olvidan que estos de nada sirven si no se logra tener buenas relaciones con los demás. Los conocidos son más importantes que los conocimientos. Son muy pocos y prácticamente raros los casos de personas que han tenido éxito sin la ayuda de los demás. Alberto, el ser humano necesita de los demás para poder alcanzar el éxito y en tu caso, para poder tener a las personas de tu lado es fundamental que comprendas y apliques estas herramientas:

Sonreír siempre, *como ya te lo explique, la sonrisa irradia confianza y éxito. La sonrisa es un imán que anima a los demás a querer estar con nosotros y a la vez inspira seguridad a los que nos rodean. Cuando las cosas vayan mal, lucha por conservarte alegre, trata de mantener una actitud positiva y una sonrisa, tú te puedes convertir en un modelo a seguir para muchos; a su vez, te mostrarás invencible ante tus enemigos y esto hará que ellos entren en cólera y se salgan de sus casillas. "El día que no rías, es un día perdido. ", dijo Charles Chaplin.*

Mantén la sangre de cocodrilo, *cuida todas tus reacciones.*

Mantén siempre la calma, se paciente, conserva siempre el autocontrol, muchas veces tendrás que reducir al mínimo tus emociones para no generar reacciones exageradas. Suspende tus reacciones. Es muy fácil escribirlo, pero realmente difícil practicarlo siempre. No permitas que nada te altere y que nada te seduzca, esto puede afectar tu buen juicio durante una negociación, una venta o una conversación.

***Desarrolla confianza**, este paso es muy importante en el proceso de persuasión. Variadas investigaciones han comprobado que la mayoría de los cierres de ventas exitosos se dan porque el vendedor ha generado un clima de confianza con el cliente. Si tú no le inspiras confianza a la otra persona, es muy probable que a éste ni siquiera le importe lo que le tienes que decir.*

En tu caso, debes pensar que lo que estas vendiendo son ideas y nuevos procedimientos, así que desarrollar la confianza se aplica plenamente en tu situación.

***Se amable y cortés**, saluda con una sonrisa en tu cara. Cuando hables con cualquiera de tus colaboradores, se simpático, míralo a los ojos frecuentemente, esto hará que el otro individuo sienta que tú estás interesado en lo que la otra persona comenta. No cometas el error de hablar mirando siempre hacia el suelo, o hacia el techo. Llama a las personas por su nombre, ya hemos hablado de esto,* para cualquier persona su nombre es lo más importante, por ningún motivo es aceptable que te olvides del nombre de las personas con las que estás trabajando.

Escucha el doble de lo que hablas, el conocimiento habla la sabiduría escucha. Permite a las otras personas hablar más y escucha activamente. Luego de escuchar, pregunta y vuelve a escuchar. Motívalos a hablar diciendo cosas como: 'Continúe', '¿Y qué pasó?', 'Y ¿Qué hiciste?', 'Aja', '¿En qué terminó todo el asunto?', etc. Pero por ningún motivo interrumpas a la otra persona cuando habla, eso es una falta de respeto. Cuando permites que la otra persona hable más sin interrumpirle abruptamente, ésta se desahoga (este tema también ya lo hemos tocado) y además obtienes mucha información de lo que realmente el otro individuo siente. Los mejores oyentes se ganan a la gente muy fácilmente, pero para hacerlo se necesita de mucha paciencia y autocontrol. Es fenomenal lo que se siente cuando uno es escuchado con mucha atención y simpatía. Luego de escuchar, preguntar, volver a escuchar y volver a preguntar empieza a replantear lo que te han dicho. "Veamos si comprendí, lo que usted ha dicho es que". Luego utiliza lo que la otra persona dice para transmitir sus ideas.

Empatía, ponte en los zapatos de las otras personas. Si quieres influir en los demás empieza siempre viendo el punto de vista del otro. Habla acerca de lo que el otro quiere y ayúdale mostrándole como conseguirlo. Piensa como lo haría la otra persona. De forma tal que sabrás qué es lo que quiere la otra parte y así te resultará más fácil saber lo que tienes que ofrecerle. Preocúpate por comprender el funcionamiento de la mente de tus colaboradores con preguntas como: "¿Si yo estuviera en su lugar cómo procedería?". Habla acerca de lo que el otro quiere y muéstrale cómo lo conseguirá con lo que tú le vas a proponer. Se empático.

Elogia, a todo el mundo le gustan los elogios. Pero no elogies simplemente por elogiar. Si lo haces así las personas se dan cuenta del elogio barato que les haces. Abraham Lincoln bien dijo: 'A todo el mundo le agrada un elogio'. ¿Qué cuesta dar un elogio a alguien? Nada. Entonces ¿porqué cuesta tanto darlos?... Son gratis y hacen sentir bien a los demás. Demuestra cariño honesto y sincero con los elogios que des. La mayoría de la gente actúa para acrecentar su ego. Alimenta un poco el ego de los demás.

Espero que todo esto te ayude a conseguir tu objetivo, sé que lo lograrás, siento mucho no haber podido estar en la ciudad, espero me comprendas, por favor saluda a tu esposa de mi parte, mi esposa siempre se acuerda de ella.

Atentamente,

Juan Carlos Bruzzier

Al terminar de leer, Alberto se sintió como un ratoncito de laboratorio, todo lo que la carta mencionaba, había sido aplicado por Juan Carlos con él mismo, al influenciarlo en utilizar las máximas de su abuelo.

Alberto soltó una carcajada, de esas que uno suelta cuando el velo de la comprensión se abre de par en par, y comprendemos algo que alguna vez consideramos complicado, y ahora lo vemos como 'tan simple'.

Alberto volvió a leer la carta, y la leyó de nuevo varias veces, esperando que la memoria no le vaya a fallar en el momento de la aplicación. Tratando de descubrir lo más mínimo que Juan Carlos hubiera querido expresar.

También anotó ciertas impresiones que se le iban ocurriendo a medida que leía, y mentalmente trazó un plan de acción.

La carta había surtido el mismo efecto que cuando Alberto hablaba con Juan Carlos personalmente, como en ocasiones anteriores...

Capítulo 14

La Prueba Final

(Comentario del Autor)

Muchos pensarán al llegar a este punto del cuento, que la prueba final debería consistir en la visita de algún comité o un importante delegado para calificar el hotel y su servicio. No voy a concentrarme en este detalle, me bastará mencionar que a pesar de los esfuerzos de Alberto, toda la operación del hotel no alcanzó a desarrollar y aplicar las máximas en tan poco tiempo, por lo que no ganaron la mención como hotel, pero sí como departamento, obviamente la Recepción de Alberto se destacó y ellos sí obtuvieron el premio, lo cual fue motivo de gran orgullo para la gerencia y para Alberto.

Ya todos conocemos el final y los pormenores de la premiación. El mismo Juan Carlos, entregó el premio a Alberto y su equipo, lo cual resultó muy significativo.

Alberto continuó dirigiendo toda la operación del hotel, y su meta principal era ganarse el premio Joseph Bruzzier, a nivel de hotel, el año siguiente.

Sorpresivamente el gerente nombró a José, quién apenas se había graduado, para ocupar la vacante de jefe de Recepción que Alberto había dejado, y este es el fin del cuento.

Entonces, se preguntarán, en qué consiste este capítulo de la prueba final; bien, consiste en SU propia prueba final, sí, me refiero a ustedes, amables lectores.

La prueba final consiste en la aplicación de todos los principios y máximas que junto a Alberto han aprendido, en comprobar si de verdad funcionan o no...

Solo la aplicación de las máximas, los convertirá en los hoteleros que todo hotel desea tener, sea cual fuere el puesto que ejerzas, desde mesero hasta gerente de alimentos y bebidas, desde botones hasta jefe de recepción, desde bodeguero hasta gerente de operaciones, desde el personal de limpieza hasta el gerente de marketing, al final de cuentas *todos son el hotel*.

La hotelería es una carrera en la que debes cultivar las mejores técnicas para saber tratar a los demás, de comprenderlos, de servirlos, hacerlos sentir bien; y todo aquello se logra sólo con práctica y constancia.

A lo largo de mi carrera he estudiado muchos libros de administración, servicio al cliente, cuentos y fabulas empresariales, y en todos ellos se tratan temas de liderazgo, servicio, coaching, etc., y en todos los casos que se estudian se habla de las experiencias de un sinnúmero de empresas internacionalmente reconocidas, pero nunca de hoteles, cuando en un hotel es donde se puede encontrar la esencia misma del servicio. Este cuento pretende dar un giro total a este asunto y más bien enseñar desde el punto de vista hotelero, el significado del liderazgo, del servicio y del coaching.

Así que, una vez más desafío a todo lector, sea un estudiante de hotelería, o alguien que ya este laborando en un hotel, o cualquier persona vinculada con el mundo de los servicios, a aplicar las máximas y dejarse guiar por el camino del éxito.

No se convertirá en un experto al terminar de leer este libro, pero si convierte los principios aquí mencionados en hábitos, tendrá éxito. Permítame ilustrarlo con una analogía:

'Un maestro de matemáticas hizo a su clase la siguiente pregunta:

Si una persona, de camino al buzón de su casa desde su puerta, recorre la mitad del camino y se detiene, luego recorre la mitad del camino que le faltaba y se detiene, y luego recorre la mitad del camino que le faltaba y se detiene, y así sucesivamente; matemáticamente, ¿llegará algún día al buzón?

Luego de un prolongado silencio, el alumno más inteligente de la clase se puso de pie, y contestó:

No, pero sí llegará lo suficientemente cerca para depositar la carta en el buzón'

Si bien es cierto, no llegarán a la meta de un día para otro, pero con perseverantes intentos diarios, llegarán lo suficientemente cerca para alcanzar el éxito…

Víctor Ayala Spooner

Agradecimientos

He decidido expresar mis agradecimientos hacia tres grupos importantes en mi vida:

Primero, a mi amada esposa Mariuxi, por creer en mí, creer en mis ideas, mis locuras y luego resultar ser feliz con todo ello. Por su paciencia, por su amor incondicional, y por ese "te amo" que cada día escucho de sus labios, y que son un factor motivante en mis quehaceres diarios.

Segundo, a todos los gerentes con los que hasta ahora he trabajado, todo el éxito alcanzado y por alcanzar se lo debo a las enseñanzas y consejos que de ellos recibí.

Y tercero, y lo más importante, a Dios, por sus dones, su misericordia y amor.